最是那一低头的温柔，像一朵水莲花不胜凉风的娇羞。
——徐志摩《沙扬娜拉》

Nv Hai Wei He Yao Fu Zhe Yang

女孩为何要“富”着养

现代家教丛书

沧浪 胡庆红◎编著

中国妇女出版社

图书在版编目(CIP)数据

女孩为何要“富”着养/沧浪 胡庆红编著. —北京:中国妇女出版社,2009.1

ISBN 978-7-80203-655-0

Ⅰ.女… Ⅱ.①沧…②胡… Ⅲ.家庭教育 Ⅳ.G78

中国版本图书馆CIP数据核字(2008)第171356号

女孩为何要“富”着养

编　　著: 沧浪　胡庆红
责任编辑: 宋　罡
责任印制: 王卫东
出版发行: 中国妇女出版社出版发行
地　　址: 北京东城区史家胡同甲24号　　**邮政编码:** 100010
电　　话: (010)65133160(发行部)　　65133161(邮购)
网　　址: www.womenbooks.com.cn
经　　销: 各地新华书店
印　　刷: 北京才智印刷厂
开　　本: 160×230　1/16
印　　张: 17.625
字　　数: 260千字
版　　次: 2009年1月第1版
印　　次: 2012年10月第23次印刷
书　　号: ISBN 978-7-80203-655-0
定　　价: 30.00元

前 言

“穷养男孩，富养女孩”是传统教育里的金科玉律。人们认为女孩子就是千金公主，只有在一个富裕宁静的环境里，孩子才会有安全感，才会有大方的气质和达观的性格。同时，富裕能够给孩子开阔眼界的机会，有利于女孩子形成镇定自若的高雅气质。因为女性虽然不是家庭的领导者，但一定是家庭的核心，只有拥有处变不惊的态度，才能够处理家庭中的大小事情，进而撑起一个家庭。

但是最近又有一些教育理念宣称:“再富不能富孩子。”因为在富裕的家庭环境里，孩子变得越来越娇气，各方面的能力逐渐退化，不但形成了极度奢侈的生活习惯，同时，面临挫折时，还会变得一无是处，连反抗的本能都丧失殆尽，结果在困难面前束手无策。

《品格的力量》作者塞缪尔·斯迈尔斯也曾经说过：女性的素养决定一个民族的素养，因为女性是子女教育的重心。的确，女孩子变得娇气而懦弱，不但会影响个人的发展，甚至会影响未来家庭的和谐，因此，不能“富养女孩”。

表面上看，这两种观点都很有道理，但是细细品味，就会发现，人们把“富”这个概念定义得过为狭隘，简单说，似乎只有经济实力很强才属于富。其实，“富”的概念非常广泛，它不光指“财产多”，还指资源的丰富性。而我们提倡的新“富养女孩”的教育理念就是把这两种观念合而为一。

我们这一教育理念有三个特色。第一，对于任何一对父母来说，都可以做到“富养女孩”，没有丰富的资产，我们可以随处挖掘更多的教育的资源。这是一个开放的世界，随处都有教育的契机，只要

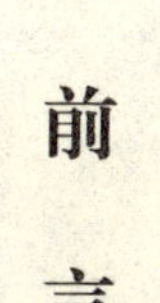

能够吃透这种教育理念，那么，教育女儿的素材，就可以信手拈来，而无捉襟见肘之难，亦无勉力为之之嫌。

第二，在我们“富养女孩”的教育理念里，到处都渗透着父母的达观豁达以及快乐潇洒。教育是快乐的，而不是痛苦的，它不需要牺牲，不需要父母如临大敌。其实有什么可紧张的呢？李白曾经说过“天生我材必有用”，任何一个女孩子都有她的天赋特长，我们的教育不是要改造她，而是要挖掘她的潜力优势。就像是用大理石做雕塑，高明的雕塑师都会依顺大理石的形状和特质来雕塑，而不会按照自己的臆想来蛮干。

第三，根据女性的生理和心理特征进行教育。女孩与男孩在生理上有所不同，而不同的生理也会生发不同的心理。虽然我们不主张夸大女孩子的娇弱性，但同样不主张培养出中性化的女孩子甚至金刚铁骨的男性化的女生。经验表明，那些拥有雍容华贵、典雅大方、从容自信、宽容大度、镇定自若气质的女性幸福感指数更高。也就是说，传统的“富养女孩”的教育理念对我们也非常有借鉴意义，因此，我们提倡“富”养女儿，当然，我们的“富”养是要给她更多的教育资源。

对待女孩子，必须要细腻，她就像一朵娇嫩的鲜花，必须要细心呵护她的成长，春风化雨，给予她更多的关注，让孩子感受到温暖、安全，让她顺利完成对父母的依恋阶段，并在她有独立的意识时，让她拥有自己的空间。也就是说，对待女孩子，首先就要给她一个宽松舒适的成长环境，给她丰富的爱与充裕的成长空间。

正是基于对教育和女孩特性的认识，本书翻新了古典“富养女孩”的教育理念，让其与时俱进，既给予孩子丰富的资源，让孩子形成一种高贵典雅的气质，同时又防止孩子形成奢靡的习惯以及娇弱的个性。

本书从女性角度出发，充分肯定了女性的美感和特性，但同时也否定了女性的“物性”。简单说来，女性应该是令人赏心悦目的，但同时更应该陶冶塑造自己的性情。也就是说，父母必须要教育女儿首先要善待自己，然后才能考虑其他，只有让自己的素质更加完善，才有能力奉献他人。因此，父母必须要培养女儿的独立性、自信心，让孩子学会保护自己，同时还必须要关注孩子的情感发展之路，完善其性格，塑造其优良品质，培养孩子不一般的气质，提高她的艺术修养。

看起来培养女孩子的任务很多，也很复杂，但其实很简单，富足而正确的爱就是最好的教育，给孩子合理的独享空间，关注孩子的发展轨道，在孩子出现差错的时候，给予恰当的提醒，这样成长起来的女孩子永远都是最好的。

希望本书的教育理念能带给家长们新的惊喜，能解开父母们教育中的心结。每一个女孩子都是天赐的公主，也是人间的天使，希望在父母的关爱下，她们都能够快乐而健康地成长，并能体会到最大的幸福，在长大成人的那一天，能够感谢自己的父母给了自己最好的教育。

目录

CONTENTS

著名作家塞缪尔·斯迈尔斯在《品格的力量》里说道：“女性的素质决定着整个民族的素质。”的确，女孩子的品质，小则关乎一个人的人生，大则关乎整个民族的命运。高贵典雅的女孩子，就有富贵祥和的命运，能使自己的周围产生安乐稳定的氛围；自卑狭隘的女孩子，就有凄惨悲凉的命运，使自己的周围蒙上晦暗飘摇的阴影。所以，女孩，就是要高贵；女孩，就要富着养。

女孩是天赐的，如何对待公主、天使，是所有父母面临的教育课题。毫无疑问，对于女孩子来说，她们就是鲜花，就是美玉，她们是真善美的代名词，是高贵雅致的代言者。于是，我们引出了“富养女孩”的几个关键词：鲜花、眼界、质感、温柔、童心。培养女孩子，首先要根据她们的性格特点，顺势培养，使她们保持天使的本色。

对于女孩子来说，充足的爱是她成长的最好养料。爱不但意味着关怀孩子的饮食起居，教会她为人处世，让她掌握世界的知识，同时还要肯在孩子身上花时间，能够多抱抱她，多陪她聊聊。“富养女孩”，就要给女儿富足的爱心，无论是母亲的慈爱还是父亲的严爱，都不可或缺，让孩子在如山的怀抱和如水的温情中，逐渐成长。

“女孩的形象价值百万”，这句话一点不假，形象气质对于一个女孩子来说非常重要，这不但涉及孩子的交往信心，更关系到孩子以后的婚恋生活。“富养女孩”，就要不惜重金，在女儿的形象气质上下功夫。虽然我们可能很难赋予女儿“倾国倾城”的容貌，但是我们可以打造女儿的气质，让女儿即使走进“花的海洋”，也因“质”压群芳而独领风骚。

对于女孩子来说，获得成功与幸福生活的一个关键因素就是自信。我们都有这样的常识，在人生的竞争进入到最激烈的阶段时，拼得往往不是能力，而是自信。一个没有自信的人，总是在关键时刻连自己的优势也把握不住。因此，“富养女孩”，一定要培养女儿的自信，要保证无论她选择什么样的前途，她都有能力操控自己生命的航船行驶在正确的航道上。

只有独立意识强的女孩，才能抵制住“捷径”的诱惑，不去依傍他人，不放弃个人努力。为人父母，都希望女儿能够如此，这就需要培养孩子独立自主的精神，让孩子自小就拥有独

立的想法和做法，并能注重长期的发展目标，能通过自己的努力来创造成功和幸福。

第七章 性格完善之旅——在培养好性格上做足功夫/155

性格形成有天生的成分，但更容易受后天的教育因素影响。培养一个性格完善的小公主，父母必须早下功夫。学龄前时期女孩子的语言和动作都已经发展到一定水平，有了一定的独立性和自我意识，但是还没有形成稳固定型的性格。父母要抓住这个萌芽期，注意孩子同情心、热情、平和、坚毅等方面的培养，同时还要了解孩子的性格缺陷，时时在意、处处留心，在每件小事上一点一滴地约束孩子的言行，在潜移默化中雕塑女儿的完美性格。

女孩子娇美可爱、柔心弱骨，但与男孩比起来，抚养女儿，需要考虑更多的安全问题。疼爱女儿的父母们，都希望自小就能给孩子一个护身符，让她平安健康地长大成人。在复杂的社会环境中，女孩如果缺乏自我保护意识，那么就会受到别人甚至自己的伤害。因此，“富养女孩”，就要让她学会自己保护自己，善待自己。

及早培养女孩子的情感非常重要，因为这涉及孩子的人格形成。积极的情感有助于孩子形成达观的心态，并能够树立正确的人生观、价值观和世界观。同时，一个感情丰富而又理智的女孩子，才不会遭遇婚恋生活的坎坷和磨难。因此，“富养女孩”，就要关注孩子的感情发展之路，帮助孩子建立积极达观的情感。

女孩子本来就是上天恩赐给我们的艺术品，对女儿进行艺术素质的培养，将直接影响女儿成长中的价值趋向、思维方式、生活观念等。由于女孩子特有的敏锐和细腻，她们对艺术往往有着独到的理解。父母要做富有生活情趣的人，要有一定的艺术审美能力，女儿才能受到积极的影响。因此，从小培养女儿的艺术素养，对女儿的终身成长大有裨益。

第一章

女孩，就是要高贵

——为什么要富养女孩

著名作家塞缪尔·斯迈尔斯在《品格的力量》里说道：“女性的素质决定着整个民族的素质。”的确，女孩子的品质，小则关乎一个人的人生，大则关乎整个民族的命运。高贵典雅的女孩子，就有富贵祥和的命运，能使自己的周围产生安乐稳定的氛围；自卑狭隘的女孩子，就有凄惨悲凉的命运，使自己的周围蒙上晦暗飘摇的阴影。所以，女孩，就是要高贵；女孩，就要富着养。

富养女孩的真实内涵

富养真经
FU YANG ZHEN JING >>>

女孩子是敏锐的，她总是能够发现使生活变得更丰富的诀窍，但是首先，她要能够感受到温馨安宁，作为父母，要能够给孩子一个开阔的视野，点燃女儿寻找有情趣生活的欲望。

没有人会否认，具有高贵气质的女孩最受欢迎，因此，把女儿培养成一个高贵的公主几乎是所有父母的共同梦想。于是有人说了：“公主生在什么环境里啊？那得是皇家。没有一个优越的家庭做后盾，天赋再好的孩子也只能眼巴巴地做灰姑娘吧。”

是这样吗？这似乎有一定的道理，古人常说：“富贵多淑女。”女孩就要富着养，经济富足才能够不贪小利，见多识广才能够拥有超人睿智。富养女孩，才能使她形成一种安然自若的形象，举手投足间优雅不凡，一颦一笑显淑女风范。

但是，我们绝非在挫折教育大行其道的今天，举着这面“富养女孩”的古老旗帜大唱反调，做什么“古典美女”的回归教程。这里所说的“富养女孩”绝非简单意义上的“金钱培育千金”“富贵诞生淑女”，而是在原有的“富养女孩”的基础上推陈出新，重新考量了社会对女孩的特殊要求，并根据女性自身的特性，重新定义了这种教育方法。

女孩生来就有一种娇弱的特质，就像是鲜花，在盛开之前，需要更多的精心呵护；女孩是温柔的代名词，是世界的调和剂，在金

刚铁骨的世界里，如果女孩没有一个安定的生长环境，难以拥有柔和的心灵。社会需要女孩培养一种特殊的“亲密关系”，把所有的元素都糅合在一起，生成一个固定的整体，但是如果不被爱，女孩也就不会理解爱的内涵，也就难以完成这一历史性使命。

所有种种说明，女孩需要“富着养”。而这“富”，是富足，是丰裕，它不光是金钱上的培育，更是爱的呵护，是品质的精心培育。需要说明的是，“富养女孩”不是所谓的“娇生惯养”，“富家千金”没有任何教育上的意义，那只不过是金钱的人性版本。

对于女孩子来说，最重要的，莫过于一个健康平和的心态，一个温柔贤惠的性格，一种气定神闲的气质，一种睿智聪颖的形象。当女孩长大成人，父母最欣慰的莫过于她积极健康、乐观向上，同时又有主见，很明智。而这些，都需要父母的精心培育，需要“富着养”。

小萱已经长大成人，明天就要步入婚姻的殿堂，晚上，她依偎在父母的身边，满脸都是幸福。过去是幸福的，现在是幸福的，她相信，未来也是幸福的。因为她出生在一个温暖和谐的家庭里，相亲相爱的爸爸妈妈给予了她富足的爱和和美的环境，这是女孩最需要的安慰，也是女孩幸福、安全感的源泉。

小萱出生前，爸爸妈妈早早就做好了准备。他们除了为女儿预备了足够的物品外，还做了精心的教育准备，他们买了很多关于家庭教育的书，他们要从这些书中找到教育好女儿的最佳方法。

在一本书上，小萱的父母看到这样一句话：“孩子未来的成功与幸福取决于我们营造的环境，而不是所教授的技能。”这让他们更深地意识到了自己的责任，要给孩子一个安定富足的生活环境。

妈妈为女儿选择的房间是家中最好的向阳的屋子，空气新鲜，阳光充足。墙壁是最好看的一种调和色，因为这有利于孩子的眼睛适应。床是洁白的，床单和被子也是洁白的。她还给孩子准备了又软又轻的被子和毛毯，这样能够让她感到轻松而舒适。爸爸还为小萱在墙壁上挂了几幅名画的复制品，甚至在桌上放了一些著名的雕塑工艺品。这些物品非常精美，是很好的艺术品，这使小萱从小就感受到了艺术的气息。

> 美丽是事物一种永恒的快乐，
> 他的可爱之处与日俱增，永不消亡，
> 使我们保持心灵的宁静，甜美的梦乡，
> 健康和安详的呼吸。
>
> ——约翰·济慈《月神》

当然，爸爸妈妈做的并不光是在外表上装饰这个家庭，同时也用乐观和温馨来营造家庭的氛围，小萱出生后见到的就是一个美好的世界。

随着小萱慢慢长大，爸爸妈妈开始培养她的鉴赏能力，他们陪她读书，让她听名家的琴曲，虽说没有像古代的小姐那样，“琴棋书画”面面俱到，但是只要是对孩子性格修养有益的，爸爸妈妈就不惜一切。他们还带她和各种各样的优秀的人接触，使小萱从一开始就形成了一种积极向上的良好心态。

有教育家说：“在人身这个小宇宙里，一切都是潜伏地存在着。你给他(她)光明，他(她)立刻就看见了。”为了女儿有一个光明的前途，他们首先给了女儿一个光明的生长环境。爸爸妈妈知道，教育的功能，只不过是挖掘孩子的潜能。

爸爸妈妈相信，小萱一定会变成美丽善良、心怀美好、充满灵性的女人，不管她将来是否有高学历，她的幸福一定和她看世界的心境有关，也和她小时候曾经受到的理性的宠爱有关。

事实证明，爸爸妈妈的做法是正确的。他们成功地承担(或者塑造)了自己的角色。

从这个事例中，我们就能明白这个所谓“富养”的内涵，那不光是一种优越的生活环境，还是一种温馨的生活氛围，对于女孩子

的品行来说，性格的陶冶与培育比赠给她金钱和溺爱要好得多。

也就是说，给孩子一个“富裕”的教育环境，要让光明、温暖、坚信、乐观这些幸福的字眼占据女儿最初最柔弱而单纯的心灵，这些将变成女儿一生的信念。

父母们要记住：所有孩子的优秀品行都不是从天上掉下来的，而是适应环境条件培养出来的。女孩子在出生之后，就要尽可能地为她营造一个富足舒适的成长环境，从小使她对生活充满了无限的积极幻想，这样，她们在长大成人之后，才能更有品位地生活。

女孩必须遵循的生命蓝图

富养真经
FU YANG ZHEN JING >>>

父母是女孩生命蓝图的缔造者、维护者，在女孩的成长过程中，良好的教育，会使女孩既定的生命蓝图更加壮观，而如果是劣质的“穷困”的教育，那么，这种生命蓝图就会遭到破坏。

一个女孩的命运就是她的未来，是她那指向生活目标的天性。而这些天性很多都是由女性的特质决定的。

经过医学验证，女孩比男孩更敏感。女婴对苦味比较敏感，并更喜欢甜味，相比之下，女孩有更多的味蕾，更容易受到气味的吸引。这也就是人们为什么把女孩称作是“糖”做成的原因。另外，女婴对噪声的反应比男婴更强烈，同一个声音在女孩听来要比男孩听到的响亮得多，“听”是女孩得天独厚的心智能力；在触觉方面，最不敏感的女孩也要比最敏感的男孩得分高，女婴对冷和潮湿更容易感到不舒服；女孩的嗅觉也比男孩敏感得多，特别是即将排卵前会增强；女孩的视觉记忆更好，在黑暗中女孩看得要比男孩清楚。

女性的大脑线路图可以接受和解释大量的感觉信息。每个女孩子都有潜能发展其精确调控的嗅觉、听觉、视觉、触觉、味觉等，她们能够捕捉到那些微妙的、不容易被人发觉的信息以及更为具体的细节，建立起自己的直觉系统。这或许就是女性都有理解他人的直觉的原因。

正像在生物学上创造一个新生命令人敬畏一样，孕育一个女婴也是非常直截了当的。母亲贡献22条染色体外加一条X染色体，而父亲也贡献22条染色体外加一条X或Y染色体。然而，女性染色体基因蓝图的发展由女性荷尔蒙激素激活，它主要包括雌性激素和孕激素。

直到7岁，对女孩的身体发展起作用的激素主要是由脑垂体分泌的生长素。到了大约8岁，当雌性激素的水平开始增加时，女孩的发展会发生戏剧性的变化，女性蓝图的发展由女性激素激活。首先这暗示着正在发展中的女性身体开始显露出来。在女孩子身上起支配作用的激素，雌性激素和孕激素，能有助于对蛋白质的吸收，减缓生长的速度，并增加体内的脂肪。随着青春期的到来，在胎儿发展期早已编码的女性基因和激素蓝图，在明显的身体变化中表现出来。当然，并不是所有的女孩的身体发育都符合科学的"标准"，许多人的月经周期会或早或晚地开始，这取决于她们各自的生命蓝图。

而"富着养"还是"穷着养"也部分地决定了孩子的女性生命蓝图。错综复杂的女性框架的生物倾向形成从一开始就影响女婴的个性特征和行为，但是如果外界环境破坏了孩子的生命密码，那么属于女孩自己的生命蓝图就会变质，产生与别的孩子不同的个性，据教育学家说：违背孩子的生命蓝图，对孩子总是一种伤害。

梨花嫁给了一个非常出名的艺匠，她们生活无忧。后来，梨花生了个女孩，取名小依，孩子聪明可爱，这让梨花很是欣慰。孩子小的时候，她的丈夫因为喝酒误事，为别人做坏了一个雕刻，虽然保住了饭碗，可却坏了名声。从此以后，他们的生活开始陷入了困境。

梨花拼尽全力去抚养女儿，她希望能给小依最好的教育，还送女儿去学习钢琴和舞蹈，小依非常喜欢跳舞，每次回来，都围着梨花跳一段舞蹈。每当此时，父亲总会出言讥讽，他说，女孩子学这些都是白花钱，没有任何意义。但因为梨花一直在争取，所以，也就勉强允许小依去上课。

可是，艺匠的牢骚越来越多，他的手艺越来越不受欢迎，生活每况愈下，他也就更多地沉浸在酒海之中，每当他在外面受委屈，梨花和小依就成了他的出气筒，后来，为了满足自己喝酒的欲望，他断了女儿的抚养费，让梨花和仅10岁的孩子自己出去赚钱，母亲心疼孩子，拼命在外面做苦工，企图让孩子重新回到她喜欢的舞蹈课堂。

小依却变得越来越忧郁，她不愿意看到母亲受苦，自己也去帮亲戚做活，赚点生活费。她受尽了亲戚的欺凌和侮辱，再加上实在看不惯父亲的做派，小依希望自己能变成一个男孩子，早日承担起家庭的重担。

后来，小依喜欢上了打架，为了自己的尊严，她选择了使用拳头，就在父亲又一次酒后牢骚时，压抑了许久的她拍着桌子大骂起父亲来。她的这一举动让她的父母目瞪口呆。

很难想象，一个喜欢舞蹈的女孩子最后喜欢上了打架。小依的生命蓝图已经脱离了原来的轨道，她没有了一个女性应有的温柔与体贴，而是选择了粗暴的拳头式生活。她的父亲显然要对这一结果负全部的责任。

首先，他没有肯定女孩子的美感。在小依最喜欢的舞蹈上，他出言讥讽，让孩子对美产生一种错误的恐惧心理。

冰肌玉骨，自清凉无汗。
水殿风来暗香满。
绣帘开，一点明月窥人，
人未寝，欹枕钗横鬓乱。
——苏轼《洞仙歌》

其次，作为一个男人，小依的父亲并没有完全承担起一个家庭的重担，这使得小依对于性别的社会作用产生了错误理解，在她的潜意识里，女性应该是顶天立地的英雄，能够仗剑天涯，以免受人欺凌。

女孩的基因模板已经造就，父母的教育是在女孩的模板上制定壮观的生命蓝图，如果在这个程序上出现了偏差，那么，孩子的生命蓝图就会偏离原来的航向，最后到达什么地带，谁也无法把握。

从女孩到女人，一个人的心灵发展必然经历过无数的尝试，跨过无数的障碍。这一过程被叫做“从天堂到地狱”。父母们必须要能跟随女儿下降到“地狱”——痛苦和磨难的境遇，然后再帮助女儿把她缺少的东西一点点补全。只有如此，女孩才能够在最后如苏美尔传说中的女王伊娜娜那样：“她失去的所有东西都回到了她的身上，而且比从前更强大、更有力量。她出现在阳光之中，恢复了她不怕死的威力，并被誉为通过黑暗时期的向导。”

公主是如何塑成的

富养真经
FU YANG ZHEN JING >>>

成功的“富养”在于顺其自然，“小公主”对于世界的理解是依靠与周围环境的关系进行的，作为父母，就要尽自己的所能，当女儿在建立关系时，给予她最无私的支持、最充足的爱的养料，让“小公主”的关系编织工作顺利进行。

每一个父母都希望自己的女儿是当仁不让的小公主，可是，并不是每一个女孩都能够长在富贵的宫廷之中。那么，没有尊贵的身份，没有富饶的家产，如何将自己的女儿塑造成一个小公主？

所谓“公主”，只是一种代称，她并不一定代表身份地位，但一定具有某种特性，而这种特性，是一种气质，是尊贵，是雅致，是灵性，是卓尔不群。要塑造这样的形象，主要的功夫还在父母身上。

美国著名心理学家特尔曼对来自全球的301位成功女性进行了调查研究。他发现，这些人在青少年时代，大都具有镇定自若、尊贵大气、坚强自主、勇往直前、乐观向上的性格特征。而这些性格特征的形成，与父母为孩子们营造的环境息息相关。

从婴儿时期开始，一个女孩的成长过程就像编织一幅既大又复杂的挂毯，她自己处于中心，而独立和自主并不是女孩心理发展的中心。

对于女孩来说，她们生来就是靠“关系”来编织和理解这个世界的。女性激素的周期是如此灵敏，它们对女孩的个性、情感、道德、精神和身体发育都有非常重要的作用。它们使女孩不像男孩那样富有攻击性、冒险性和控制欲，乐于变化、投机、尝试和诉诸行动，而是更具预测力、稳定性、安全感、谨慎细心、稳定从容——它们使女孩把友谊和家庭看得比成就和机会更重要。

女性人格看来是在关系和联络中得到自我确定，那里包含着越来越复杂的相互影响。女孩不是去学习拥有单独的自我感觉，而是设法去随着与他人的关系网的扩大，在不断复杂的关系中发展自我，这就是与早期用以解释男孩人格发展的模型的不同之处。

也就是说，在女孩编织网络的过程中，父母对她是起一种促进作用还是阻碍作用，决定了女孩的性格与最终的气质。与现在的“早期诱发理论”相同的是，这种作用在孩子很小的时候，甚至尚未出生的时候，就已经在发生作用了。

弗洛伊德和随后的其他心理学家认为，心理发展是一个人从母腹到逐渐脱离成为一个独特自主个体的稳步发展过程，最后，这个自主的个体不再依赖关系的交互作用。

据研究，孕妇自妊娠6个月起，胎儿就不断“凝神倾听”。当胎儿听到音乐时，胎儿心音会变快；听到汽车的喇叭时，会出现频繁胎动。用光照射孕妇的腹部，胎儿会有眼球活动。胎儿对母体及母亲的声音具有依赖性与敏感性，直接影响到胎儿的声音系统的形成。

因此，作为父母，要在怀孕期间就把握好与胎儿的沟通。爸爸妈妈充满爱意的声音对胎儿具有一种神奇的安抚作用，有利于胎儿的发育。特别是女儿，她能够从爸爸妈妈的声音中找到自己的“关系”网的基础。

我们可以给胎儿朗读一些笔调清新优美的散文、诗歌，也可以和胎儿聊天。说话的语调要轻柔，充满感情。和胎儿搭话是十分重要的，可以使宝宝有一种安全感，这样对加强母与子、父与子之间的感情关系极为有益。比如，妈妈可以在每天早晚同胎儿打招呼：“你早，小宝宝。”“晚安，我的宝贝。”爸爸下班回来后可以说：“乖乖，爸爸回来了。”这样，就为女儿一生中编织精致“关系”网做好了铺垫。

女权心理学家简·贝克·米勒博士和韦尔兹利学院斯通中心的研究者们认为，从女孩诞生的那一刻起，她就开始发展注意力和关心发生在她和其他人之间的事情。在婴儿早期，她就开始了自己关系网的编织工作，而这个时期，她会被母亲、父亲或其他重要的看护人的情感所影响——通过自身对别人的反应的影响来塑造这种相互作用。

但是，标准的心理学理论把妇女描绘成不如男人分化和独立，因此在发展方面当然处于劣势。这种“发展缺陷”的假设又很容易直接与当今妇女中的许多易怒、自尊性差、力不从心和性别混乱等情况相联系。

“我们每个人必须成为独立和自主的”，这种观点只是一种臆断，它暗示着我们必须学会自己做决策，创造一个远离他人的生活，完全摆脱掉与周围环境之间的关系。这就是所谓的心理发展的“孤独的徘徊者”模型。但是，这种人类成长的标准给女孩子们的未来描

绘了一幅惨淡的景象，违背了女性心理发展的自然规律。因为在现实中，女孩子们是发展在人际关系之中的。正因这一点，对待女孩子，父母们永远不能用冷淡的态度，不要像男孩子那样，让她孤立、无助，这会破坏女孩子编织关系网的进程。

女孩子不适合成为英雄，但是却可以成为圣母。富着养女儿，首先就要针对这一特性，尽做父母的所能，帮助她编织好这个关系网。

女儿们出生时是什么样，成人后又是个什么样的人，这取决于 4 种强大的力量——生物的、心理的、文化的和女性心灵深处的力量。生物力量方面我们没有太多能做的，显然，那些影响因素是在出生前就随着基因代码而确定了。我们说，心理能否健康发展，取决于在日益复杂的人际关系中有无健康的自我意识。另外，我们大概也知道一些，父母的态度和环境如何把女孩子心里微小的、多变的火花压抑或释放到她整个的女性生涯中去。

蓝蓝是一个优秀的女孩子，她身边的每一个人都很喜欢她。在她结婚前的那最后一天，妈妈送给了她一件礼物——她的成长日记。蓝蓝翻开日记的一页，只看了几段，就已经泪流满面。妈妈这样写道：

“我可爱的小公主，你咿咿呀呀地在和我说话，我真的很幸福，我的小女儿已经和我在沟通了。我一边低声细语地回答着你的话，一边给你换尿布。你躺在那里，挥舞着手脚，明亮的眼睛闪烁着机灵的光芒，你在对着我笑，我可爱的宝贝。”

“我沉浸在你声音的每一个细微变化之中。每一个音调，都是你的一个心思。我在笑，你也在笑。可爱的你，还从胖乎乎的嘴唇中吹出小泡泡以示回报。天下没有比我们母女更幸福的了。”

“这时候，爸爸回来了，他一边轻柔地喊着你的名字，一边走了过来，当看到你嘴唇上的泡泡，他大笑着说：‘看你多能干！’你格格地笑着，用有力地蹬踢双腿表示你对爸爸的欢迎。虽然你只有三个月零三天，但是，你已经和我们非常熟识了。”

“可是，你对祖父母和外祖父母的欢迎方式却和你对父母的欢迎方式完全不同，当祖母抱你时，你会送给她微笑；当外祖母抱你时，你会趴在她的怀里；当祖父抱你时，你却把小腿蹬在他的身上，企图跳跃起来；当外祖父抱你时，你又挥起了你的小拳头，要证明你是多么的有力量。”

……

蓝蓝搂住妈妈的脖子，轻轻地说：“妈妈，谢谢你，谢谢爸爸。让我如此幸福。”

蓝蓝是幸福的，因为她有深深爱着她的爸爸妈妈，他们使她在一个非常丰满的关系网中成长，同时让她还有足够的能力使自己的关系网更加圆润和丰富。

对于女儿来说，父母是她一生中最安全的依靠，是她最钟情的爱人，是她的行为的指南和性格的导航者。

要想把孩子塑造成小公主，每一对父母，都要掌握孩子的成长规律，赋予她浓浓的爱，让她在甜蜜的关系中找到自己、发现自己、成全自己。

千金的名字由何而来

富养真经
FU YANG ZHEN JING >>>

“富养女孩”，并不是要娇生惯养，也不是送给女儿一个钱罐子，而是要注重孩子的物质和精神双重的需求，积极培养出一个身心健康，同时又积极向上的女孩子。唯此，她才能从芸芸众生中脱颖而出，成为一个不负众望的优秀女生。

对于女孩来说，有很多甜蜜的称呼，除了“小公主”之外，“千金”是一个不可或缺的代名词。这里之所以要提到“千金”这个词语，是因为它和我们本书提倡的主题“富养”有着不可割裂的关系。

用“千金”来比喻女子，最早的文字记载见于元曲作家张国宾所写的杂剧《薛仁贵荣归故里》：“你乃是官宦人家的千金小姐，请自稳便。”古时把富贵人家的女孩称为“侯门千金”，明、清以后的话本小说中称女孩子为“千金”的就更多了。

“千金”的名字由何而来？这得从我国的古代货币单位说起。两千年前的秦朝以一镒为一金（“镒”是古代重量单位，一镒为二十两或二十四两），汉朝以一斤金子为一金。后人借“千金”以言贵重，女孩之所以被称为“千金”，这里还有一个传奇。

公元前522年，伍子胥父兄被楚平王杀害。伍子胥逃离楚国，投奔吴国。伤痕在身，追兵在后，前途渺茫，伍子胥饥困交加、垂头丧气。这时候，他看见一位浣纱姑娘竹筐里有饭，于是上前求乞。姑娘顿生恻隐之心，慨然相赠。

饱餐之后的伍子胥有了精神，可是他害怕姑娘泄露了自己的行踪，就要求对方为他保密。姑娘为伍子胥不相信自己的人品而十分气愤。她随即抱起一石，投水而死。伍子胥见状，伤感不已。他咬破手指，在石上血书：“尔浣纱，我行乞；我腹饱，尔身溺。十年之后，千金报德！”

伍子胥逃出楚国后，在吴国当了国相，不久，吴王调遣劲旅攻入楚国。公元前506年，伍子胥“掘楚平王墓，其尸鞭之三百”。报了大仇之后，伍子胥又想到要报恩，但苦于不知姑娘家地址，于是就把千金投入她当时跳水的地方。

这就是千金小姐的由来。虽然是一个令人伤感的故事，但是女儿身的尊贵和荣耀也因“千金”而彰显出来。

我们暂且不去追究这个故事的确凿性，但看这个故事本身，把女孩子称为“千金”，是人们对于女孩子品质的赞誉，也是对于女孩子成长的期望。著名作家塞缪尔·斯迈尔斯在《品格的力量》一书中写道:“女性的素养决定了一个民族的素养。”

如果说男人是人类的头脑，那么女人就是人类的心灵；如果说男人是人类的理性，那么，女人就是人类的感性；如果说男人是力量的象征，女人就是文雅、华美和快乐的象征；如果说男人能充实人的头脑，那么女人就能占有人的心灵；男人只能使我们相信东西，女人却能使我们去热爱。

因此，用“千金”来形容女儿当之无愧。可以说培养女儿，意义重大，那不但是一个家庭朴实的爱，还涉及整个民族的振兴，有学者甚至喊出：女人的教育问题就应该当做是事关民族前途的问题。

女孩是天赐的，她就应该是尊贵和荣耀的代言，因此，我们有足够的理由富养女孩，让她富得高雅、富得妩媚、富得有魅力、富得有内在、富得秀外慧中、富得未语先香。

杨家有女初长成，
养在深闺人未识。
天生丽质难自弃，
一朝选在君王侧。
回眸一笑百媚生，
六宫粉黛无颜色。
——白居易《长恨歌》

孟雪莹曾是一些媒体关注的焦点，她被人们亲切称为“剑桥女孩”，她的成才之途就昭示了这一点。

1978 年初冬的一个晨曦，随着响亮的啼哭声，小雪莹来到了这个世界。父母捧着这个娇贵的小公主，欣喜不已。父亲亲切地拍着女儿，说道:“欢迎我们的千金。”为了小雪莹能够出类拔萃，父母已

经做好了一切准备，包括物质上的和精神上的。

小雪莹从来没有感觉到片刻的不安，在她成长的每一步，都能够发现爸爸妈妈为她做的精心的准备，她不光衣食无忧，而且还享受着富足的爱，爸爸妈妈早已经打定主意：凡是对她成长有利的，父母总是能够尽量满足她。

很快，就到了上幼儿园的年龄，但她的父母并没有就此把教育的任务全部推给学校，培养孩子的个性和创造性成了他们对幼儿园教育的重要补充。父母把家中来客、外出旅游、吃饭穿衣等方面都看做是培养小雪莹胆识、礼貌、开发智力和潜力的良好机会。他们要让她在安定富裕的氛围中，形成一个优良的性格。

在幼儿园结业时，小雪莹能背 13 首唐诗，会唱 24 首儿歌，一般的加减法她都会做，一千以内的乘法基本上不会错。

在小雪莹上小学三年级的时候，爸爸妈妈发现了她在数学方面的天赋。为了开发孩子的潜能，他们为小雪莹报了一个特长班，对于别人很枯燥的东西，对于她来说却很有趣。她在那里学习了两个月，做了大量的奥赛习题。大脑被初始开发后，惊人的能量源源而出。随着奥数竞赛习题的深入，小雪莹各门功课成绩突飞猛进。

父母并没有因此而懈怠，他们希望能在小雪莹很小的时候，就给她最充足的养料，让她在成长的过程中，不至于出现“营养不良”的现象。在雪莹 13 岁生日的那天，父亲将一本名为《培养记忆法》的书送给了女儿作为生日礼物，并耐心地指导雪莹进行学习，使雪莹养成了良好的记忆习惯。

进入中学后，小雪莹显得很茫然，用她自己的话讲：一开始很不适应中学的气氛。爸爸妈妈知道症结所在，他们断然作出决定：应该让小雪莹开始新阶段的思考与兴趣。

他们帮她开阔眼界，带她阅读、旅游、交际和进行更深广的知识学习。在这个阶段，小雪莹不但喜欢上了张爱玲，也爱上了爱因斯坦，她也学会了同学之间的友爱互助，学会了体谅尊重，在战胜了狭隘的同时，实现了自我的超越，心中增添了几分坦然与无畏。

小雪莹不但聪明好学，而且活泼开朗。到了高中后，她被推选为学校学生会文娱部长，爸爸妈妈对此表示了积极的支持，并鼓励她尽量把这个部长做好。当然，小雪莹心中有数：不能因工作而使学习受到干扰，她感谢父母的支持，同时表示自己会把握好这个“度”的。

做文娱部长，使雪莹的视野更加开阔。通过几次大型活动的组织，她认识了很多人，也懂得了与人相处的道理，对父母和老师工作的艰辛也更加了解了。最难能可贵的是：小雪莹的学习成绩稳步提高，并最终在高考中顺利考取了北京大学。

在大学二年级时，雪莹就参加了托福和 GRE 的考试，到了大学三年级，她的托福考了 635 分，GRE 考了 2280 分；大学四年级期中过后，申请国外大学的表格已经她的手中，圣诞节的前一天，雪莹收到了剑桥大学的录取通知书。

谁不希望自己的女儿出类拔萃，谁不期盼自己的女儿超凡脱俗？但是女孩是敏感的，女孩是娇弱的，没有父母精心的培育，没有家长的支持，孩子，很难走出成功的轨迹，很难走向登峰造极。“富养女孩”，就是要找到对孩子成长有利的需求点，尽量地满足她。

没钱就不能培养好女孩吗

富养真经
FU YANG ZHEN JING >>>

很多家长坚信，只有从小就让女孩子过奢华的生活，弹钢琴、看画展、吃山珍海味、穿高档衣服，让她像小公主一样长大，见过更多世面的女孩子才会高贵典雅。但是金钱充裕的“富”，很有可能

会培养出一个骄纵、挑剔、禁不起任何打击、不能自立的柔弱女儿；而概念更为博大的“富”——精神上的“富”，才真的会带给女孩子一生的富足、一生的幸福。

对于女孩子，既然提倡要富养，是不是一定要有“万金”之富，一定要有“公主”之贵作为基础呢？穷人的女儿是否与“公主”、“天使”无缘呢？换句话说，没钱就不能培养好女儿吗？

答案是否定的，“富养”的“富”，虽是“富足”，但此“富足”非钱财地位的富足，它更是一种精神的富足。没有钱并不可怕，怕的是对自己的贫穷感到恐惧、感到耻辱，于是自卑感出来了，仇恨社会的情绪出来了，这样的环境，这样的心境，如何能培养出优秀的女儿呢？

他们有车有房，可是与周围的人相比，他们的生活依然很拮据，因为，他们的车是出租车，他们房子的面积小得可怜，一家三口在里面总显得很拥挤。他们有一个上初中的女儿，他们相信富养女孩，于是省吃俭用，将女儿送入郊区的一所寄宿制贵族中学读书。

对女儿，他们经常耳提面命：一定要努力学习，才能过上富贵的生活，否则就只能像他们夫妻这样过寒酸的生活。女儿深深地受父母的感染，认为自己的贫穷非常可耻。

女儿只有周末才回家，每至周末，全家便如过节一般。男人周五下午便不再出车拉活，而是专门到学校接女儿，女人在家准备各种好吃的东西，在家静等女儿回家。这本来是一个温馨的家庭，然而，当周末他们该享受天伦之乐时，似乎总有一个阴影笼罩在家庭上空，那就是他们的贫穷。

特别是女儿在这所贵族学校待了一个学期之后，这种阴影就更浓了。因为她切实感受到了贫富的差距，她的同学，多出生于富豪之家，他们的父母要么是董事长、总经理，要么是处长、局长，而她自己的父亲是个出租车司机，母亲则是下岗工人。虽然父母给她每月的零用钱已经不少，但在出手大方的同学那里，还不够买他们过生日互相赠送的一件小礼物。

女儿的自卑心理越来越严重，她的脾气变得越来越大，每次回家，总是闷闷不乐，父母一旦问起，她总是要一大堆的埋怨，不是嫌自己的衣服太寒酸，就是嫌给自己的零用钱太少。她的眼里全是这个家庭给自己的困扰，对父母，她已经失去了往昔的尊敬和体贴。

那个周末，父亲照例开着自己的夏利出租车到郊区的学校接宝贝女儿。他害怕自己的寒酸带给女儿不快，就将车停得离那些各式各样的进口或者国产高级轿车远一点儿。

远远的，父亲看见女儿与几个同学彼此说笑着走出来了，女儿越来越漂亮了，在一群学生中间，她显得非常出色，父亲的自豪感油然而生。到校门口，其他同学分别钻进了接自己的高级轿车，只有女儿独自一人继续向前走。父亲高兴地迎上去。然而，他发现，女儿那张刚才还与同学说笑的脸，被一团阴影罩住了。父亲的心抽搐了一下。

女儿看到父亲，只说了一句话："下次别用这破夏利来接我了，我自己打车回家。你不嫌丢人，我还嫌丢人呢！"这句话如同一颗炸弹，在父亲的心中炸开，他心中既酸楚又恼怒，他抡圆了长年握方向盘的手照女儿的脸上就是一个大耳光。

女儿哪料到一向对她疼爱有加的父亲会打她，她没有来得及躲闪，脸上便出现了一个手指印，女儿"哇"的一声尖叫着哭起来。她用手捂着脸悲愤地看着父亲，狠狠地说了句："我今后再也不回你的家了。"便头也不回地走了。这位父亲一下子懵了，好长时间，他才反应过来，可是，女儿早已经不知去向了。

这样的情节似乎并不少见，有人甚至把这当做是"富养女孩"的教育理念的过错，可是恰恰相反，这种培养方法只能算做"穷养"。为什么？

首先，他们给孩子的人格教育太过贫乏，正处在成长期的女孩子，难免有这样那样的困惑，如果没有了精神上的培育，那么，她

很容易对人生产生误解，这就是这对父母的第一宗罪。

其次，富养的意义绝不简单地等同于贵族学校，这对父母的第二宗罪就是把孩子完全交给了学校，认为自己只要交钱就可以了。这样的方法，又怎能算做“富养”？

再次，把穷看做是一种耻辱，在“钱”面前，他们有着深深的自卑，他们的精神已经很贫穷，可他们又把这种意识灌输给了自己的女儿。

很多家长都对“富养女孩”有这样的误解，认为只要给她钱就可以了，这大错特错，这样的做法只能使女儿的虚荣心逐渐膨胀，她即使拥有高贵的气质，也是徒有其表而已，一旦涉及实质性的问题，这样的孩子最终还是会败下阵来。因此，“钱”绝不是“富养”的唯一内涵。对于父母的教育来说，“富养”富在家庭环境上。

家庭环境主要是指物质环境和精神环境。无论是物质环境，还是精神环境，对孩子行为习惯都有很大影响。对于成长中的孩子来说，良好的物质环境可以约束孩子的行为，良好的精神环境可以熏陶孩子的性格。

当然，我们这里说的物质环境并不是要求家里的陈设多么豪华，而是说在现有条件下要使居室整洁、卫生，井井有条，这对孩子养成良好习惯是有好处的。

> 但你的长夏将永远不会凋落，
> 也不会损失你这皎洁的红芳；
> 或死神夸口你在他影里漂泊，
> 当你在不朽的诗里与时同长。
> 只要一天有人类，或人有眼睛，
> 这诗将长在，并且赐给你生命。
>
> ——莎士比亚《你的长夏永远不会凋谢》

精神环境、心理环境也叫氛围，它对形成孩子良好的习惯作用就更大了。众所周知，一个后进生进入一个优秀班集体，受到良好班风的熏陶，有可能很快地改掉身上的毛病。同样，一个优良的家庭氛围，使孩子能够形成优良的品格。

洋娃娃和漂亮的衣服，并不能让女孩子清楚地认识到自己是公主，是天使，真正使她们认识到这一点的，是她童年初期和父亲母亲之间的有益关系，以及整个家庭的温馨和谐氛围。正是这些，使她渴望长大后成为一个高贵的平和的公主级的女孩。

总而言之，“富养女孩”关键不在“钱”上，也就是说，“富”并不单单代表金钱的充裕、物质生活的绝对满足，它还意味着父母要赋予女孩子自信、自强等强大的意志力量；父母要不断开阔女孩子的眼界，丰富她的知识内涵；父母要赋予女孩子理性思考的能力、判断的能力，让她的眼光更高远……而这些，任何父母都可以做得到，只要能够想到。

第二章

天赐的公主，人间的天使

——富养女孩的几个关键词

女孩是天赐的，如何对待公主、天使，是所有父母面临的教育课题。毫无疑问，对于女孩子来说，她们就是鲜花，就是美玉，她们是真善美的代名词，是高贵雅致的代言者。于是，我们引出了“富养女孩”的几个关键词：鲜花、眼界、质感、温柔、童心。培养女孩子，首先要根据她们的性格特点，顺势培养，使她们保持天使的本色。

鲜花：让女孩更受人欣赏

富养真经
FU YANG ZHEN JING >>>

一个受人欣赏的女孩是出色的，拥有一个受人欣赏的女儿的父母是幸福的。因此，“富养女孩”的第一个关键问题就是让你的女儿更加“赏心悦目”。优秀的女孩子，应该像鲜花，既有美丽的形象，又有芳香的气质。而这需要父母的全力支持和富足的关爱。

就是抹去女权的色彩，如今的女孩子也已经脱离了娇弱、低贱的暗调，人们开始用新的眼光来看待女孩子，也给了她们许多美好的称谓，诸如：生命的缔造者、内心生活的保护者、神圣领域的维护者、母性、聪慧、脱俗、有力、富有同情心等等。这些都说明，我们的女儿们，她们带有某种世界为之震撼的潜能。但是，在所有的形容词里，最重要的，也是最本质的，就是美丽。

> 三春的颜色移上了她的香肌，
> 是玫瑰，是月季，
> 是朝阳里的水仙，鲜研，芳菲！
> 梦底的幽秘，
> 挑逗着她的心——纯洁的灵魂——
> 像一只蜂儿，在花心恣意的唐突——
> 温存。
>
> ——徐志摩《她是睡着了》

不可否认，女儿是女性化的角色，天生爱美，对色彩的感受较强烈。几乎每个女孩在有了意识后，对自己的第一个认识就是美丽与否。女孩子，生来就是鲜花，用著名教育家苏霍姆林斯基的话说：“少女，形象地说，那是一朵花，她的美丽与否要看人们对这株植物养护得如何，应当在花朵怒放之前很早就设法使这朵花开得更美丽。”

心理教育家说：我们在心里，在头脑中如何描绘我们的女儿，这将转化成我们对她们的信念，接着又指导我们的养育实践，最终将决定我们是引导女儿们进入拒绝她们自然本性的角色中去，还是描绘她们的本色。

女孩子的美丽也是如此，如果父母认为自己的女儿是美丽的，那么她就会成长为美丽的女神。关于这一点，我们还有下面的故事：

卡洛琳是一个安静温柔的女人，可是自从怀孕后，她整个人都变了，她那双迷人的大眼睛变得“色迷迷”起来，一些同事们甚至开玩笑说：“卡洛琳，你是不是想当同性恋呀？怎么一见漂亮女人就看起来没完。”也难怪同事们这样说，因为无论是在公司，还是在大街上，卡洛琳一见到美丽漂亮的女子，便盯住对方不放，直到把对方“盯”得不是慌忙目光旁移，就是心里毛怵怵地急急逃遁。

卡洛琳微笑着，一语道破天机：“我呀，想生一个漂亮的小公主。听人说，多看姿色秀美的女人，能使我的小宝宝更加美丽。”

不要把卡洛琳的行为当成一个笑话来听，虽然她的做法有失偏颇，但是却也不是完全没有道理。她的这一做法，恰恰是胎教美学中的一部分内容。

美国的胎教专家指出，孕妇及她的丈夫对胎儿要有美的心理、美的行为和美的语言。讲究艺术美，能够使孕妇和胎儿的精神生活进一步美化和优化，能够有效地促使主客观的统一和协调。孕妇多到大自然中去饱览美丽的景色，可以促进胎儿大脑细胞和神经系统的发育。对于任何一个人来说，美丽的概念不光是容貌上的，还是精神上的，而胎儿大脑细胞和神经系统的发育完全，也保证了这一点。

自然美是千百年来大自然造就的结果，奇松怪石、山水瀑布、春夏秋冬，观赏之下，使人心旷神怡。大自然景物作用于孕妇的感官，会唤起她们的审美心理和愉悦感，使精神境界得以升华。

这种审美感知式的美学胎教方法流传已久。在古希腊时代，如果妇女怀孕，她的丈夫便经常带着怀孕的妻子去凝视美丽的人或神的雕刻。他们认为，这样会使他们的孩子姿容秀美。

在我国古代，也有一些经典论著论述这一点。元代忽思慧《饮膳正要》中明确提及：古人对胎教是有严格要求的……邪谬之色则勿视，靡靡之音则勿闻……行为起居遵循情理，所生之子女清秀、聪俊……欲令子女多有智力，则其母看鲤鱼或孔雀；欲令子女美丽端正者，宜佩白玉和珍珠；欲令子女英勇坚强，则多看展翅翱翔的雄鹰和撒腿疾奔的猎犬，如此好与美、恶与丑的影响均为“胎教”。

古代的这些论述，今天看来难免有许多可笑之处，但其内涵的机理，却是与现代认识相吻合的。当然，就上面的案例来说，卡洛琳专“盯”大美人的做法，固然也能起到赏心悦目的效果，但略显浅薄。能赋予胎儿良好心理素质的艺术美方法有很多，如美容艺术、着装艺术、色彩艺术、花卉盆景、琴棋书画等。

胎教美学主要是通过孕妇的审美心理对胎儿起作用的。通过审美感知，把良好的审美对象作为外来刺激，产生有益于心理平衡和情绪愉悦的美感，从而对胎儿潜移默化，增进身心发育。

斯瑟蒂克通过大量的胎教实践，认为胎教的成功秘诀是“爱和耐心”。她指出，审美理解、审美感知、审美想象、审美情感在孕妇的心灵中相互渗透、相互交融，形成一个整体，这显示了运用审美心理学的知识和方法进行胎教的意义和作用。

因此，“富养女孩”要在胎儿时期就要给女儿富足的养料，让她在起步时就拥有高贵的潜质，美丽的资质。

那么，女儿出生之后，形象已经定型，是否就没有能力使她更

美丽呢？非也。女孩子任何时候都是美丽的，人们欣赏的不光是女孩子的容貌，还有她那善良可亲的内心以及高贵典雅的气质。而这正是女孩子出生之后，父母需要培养的“美丽”

女儿的成长规律与儿子的成长规律有相似之处，都是幼年、少年、青春期三个阶段，但她们的特点有所不同。

幼年时，女孩子特别想说话。她们先是很有兴趣地听父母的每一句话，然后，冷不防地，父母的有些词语、短句会从她们口中蹦出来。她们会手舞足蹈地同邻居阿姨说话，同父母的朋友说话。幼年时期，是女儿学语言的黄金阶段，培养语言美的关键时期，就是这个阶段，父母可多花工夫去培养女儿的语言才能，一方面，发挥她们聪明机灵的天性；另一方面，培养孩子的语言礼仪。

少年时，女孩子更加注意自己的形象，她们喜欢漂亮的衣服、漂亮的花朵。这时候，父母要引导她们，对于美丽有一个深刻的认识，既能够保证女孩子们表面上的赏心悦目，又能够保证不出现“金玉其外败絮其中”的问题。

同时，女孩子们在这个阶段会更加喜欢有趣的科幻故事，喜欢没完没了地做着五彩梦。而女儿的这份美好的梦境需要父母用心去呵护，因为梦幻是遥远的，也是美妙的，如海市蜃楼，它可能是稍纵即逝的，却能令她终生回味，同时，还能带动她创造美好的未来。在这个阶段，父母们给女儿一种安定感，尽力避免让孩子看到破败阴暗，以免孩子产生阴暗的心理，只有如此，女儿才相信父母的爱，也相信世界充满爱。

青春期，女大十八变，越变越好看。但最主要的，还是她们生理上的变化，生理上的变化又使她们心理上也有波动，她们希望自己成熟，什么事情都想自作主张，什么事情都想反其道而行之。

这个阶段，她们对美丽有了尖锐而又深刻的认识，但是因为情绪的波动不定，使得这个阶段的女孩子对美丽的解读更具偏颇性，她可能会为自己的肥胖而自卑，也可能为学业的不尽如人意而伤心；

还可能会为心仪的男孩作出傻事来……因此，在这个阶段，父母一定要赋予孩子更多的关爱，让她们慢慢成熟，并形成一个并不单薄的美丽概念。

青春期的女孩子，可能会有些烦父母，但又有些依恋和信赖。女儿处于种种矛盾状态，难以自拔。青春期是迷茫而精彩的，这时的她们需要父母倍加关照。但是，做父母的不必太敏感，只要学会艺术地处理，女儿——这个漂亮宝贝依然会光彩照人。

无论怎样，女孩子们在父母的呵护下一天天长大，她成为了那朵最美丽的鲜花，绽放着鲜艳的色彩，散发着特异的芳香。她已经越来越受人瞩目，她已经越来越受人欣赏，这样的未来，不是我们所有的父母都在憧憬着的吗？那么，就按照培养鲜花的套路，精心地培育女孩子的美丽特质吧。

眼界：告诉女孩世界就是那点儿事

富养真经
FU YANG ZHEN JING >>>

人常说：眼界决定境界。站得高才能看得远，看得远才能做得好。“富养女孩”，首先父母要站得足够高，看得足够远，然后尽自己的能力帮助女儿开阔视野，打开眼界。

一个高贵而又出类拔萃的女孩子，一定是具有开阔眼界的女孩子，因此，“富养女孩”，就要在“开阔眼界”上下功夫，一个博览群书、游览四方的女孩子，绝不会给人“小家子气”的感觉。

阿基米德说：“多看，多听，多接触，你就会成为智者。”这些话对于父母教育孩子有一定的启示。也许社会给女孩的定位并不在智

者上，但是一个胸襟狭窄、孤陋寡闻的女孩子终究是不受人欢迎的。那么，我们看看对于女儿开阔眼界来说，阿基米德所受的教育，对我们有什么启示。

阿基米德出生在意大利西西里岛一个学者家庭，父亲是宫廷的天文学家，阿基米德很小的时候，父亲就带着他到山顶上观察明净的夜空和灿烂的银河，并且如数家珍，告诉孩子各种星座的方位和特征，什么北斗七星啦，仙女星座啦，大熊星座啦，小熊星座啦，巨蟹星座啦，他都一一指点给阿基米德看，有时候，还要考一考他，让他指出每一个星座的方位、亮度和其他特征。这使得阿基米德在很小的时候就有了很宽的知识面。

可以说，阿基米德后来的成功完全得益于父亲从小对他的培养，因为他利用自己的感觉、知觉、触觉、嗅觉贴近了世界，这使他对大自然有一种独特的理解，也奠定了他的理论的基础。

同样对于女孩子来说，如果从小就为她打开一扇宽阔的世界天窗，那么，她对于整个世界整个社会的认识就不会只局限在自己身上。同时，这对于提升女孩子的品位来说，又是一种最绝妙的方法。

作为家长，“富养女孩”，一定要增长她的见识。增长见识的方法有很多，比如旅行、读书、学习一些才艺等等。

在人的一生中只保持一种认知方式，在适应新情境的能力上就会僵硬和受到限制。因此，多增加自己的知识，多听取各方面的信息，开阔自己的眼界是很好的。只有女孩子掌握的知识增长了、判断能力增强了，她才真的不会被外界的种种所诱惑，同时还能形成独特的女性风采。

父母们可以多利用图书馆和图书市场，带孩子进行广泛地阅读，当孩子的阅读习惯形成时，那么，阅读就会带给她享受。长期的大量的课外阅读，是开拓孩子知识面的最好方法。

另外，旅行的过程，其实也是一个增长见识、增长能力的过程。因此，有条件的父母可以多带你的小公主出去走走、看看。

> 假若我是一朵雪花，翩翩的在半空里潇洒，
> 我一定认清我的方向——飞扬，飞扬，飞扬，
> 这地面上有我的方向。不去那冷寞的幽谷，
> 不去那凄清的山麓，也不上荒街去惆怅——
> 飞扬，飞扬，飞扬，——你看，我有我的方向！
>
> ——徐志摩《雪花的快乐》

陈宇能够成为一名出色的会议组织者，与她的父母从小对她的培训密不可分。当她还只是小学二年级的学生时，母亲就让她参与家庭的旅游计划的制订与实行。

首先，爸爸在书店买了本介绍全国旅游景点的书，每到一个地方旅行之前，他都会先在书上看一遍，然后用儿童容易理解的语言讲给女儿听，让她先有个初步的认识和了解。

其次，平时，他们全家一起讨论到哪里去旅游，如果大家观点不一致，便要试着统一观点，照顾到各自的兴趣。最使陈宇得意的是，有一次她居然把父母和哥哥的计划否决了，全家最终选择了她的目的地。

第三，随着孩子年龄的增长，妈妈除了让她准备该带的物品外，还专门给她准备了一个能背着的小旅行包。

从这个案例中我们看到了旅游对于孩子成长的重要作用，陈宇不但锻炼了身体，同时也可以增长地理、历史等各方面的知识，这对孩子的身心健康和语言及写作能力都有好处。而且，最让人欣慰的是，她还提高了计划能力和组织能力，并能在很小的时候具有小大人意识。

如果家庭条件不允许、或工作太忙没时间，父母还可以通过增加孩子阅读量、给孩子更多独自处事的机会等方式，让女儿见闻广博。俗语中的“读万卷书，行万里路”，说的就是这个道理。

总之，开阔孩子的眼界，需要父母有一个开放的思想，帮助孩

子从封闭的小家庭步入开放的大社会。什么是开放？开放的人一般具有以下特色：

分享、眼界开阔、热情、接受他人、能够充分理解他人、善于倾听、独立而不孤立、合作，专家建议说：开放的含义不仅在于开朗、外向，更有与他人分享、善交流、眼界开阔、倾听他人意见、乐与人合作的意义。

人们是按照不同的方式去观察世界的，有时我们换个角度看问题，就会发现更有活力、更独特的世界。开放的性格可以博采众家之长，对他人更宽容，心胸更广大，获得更多的知识，更有竞争力。

比如，让孩子与同龄伙伴友好相处，共同学习，共同嬉戏。有些父母怕孩子受欺负，不让孩子出门与同龄伙伴为伍，这是错误的。让孩子在同龄伙伴的镜子里照见自己，学习待人接物，学习做人，这对她是一种非常有益的成长方式。

具体到教育来说，就是能够用自己的开放，带动孩子的开放，让孩子走进更广阔的世界，与亲人融合，与朋友融合，与世界融合。

质感：打造知性女孩新主张

富养真经
FU YANG ZHEN JING >>>

富养女孩，就是要给她一个足够的发挥空间，让她展现出自己的内在潜能。在这样的氛围中成长起来的女孩子才有自己的主张，知道自己的方向，并会通过自身的努力，塑造独到的内涵。

在现代社会中，总有那么一群女性，她们是独占鳌头的幸运儿，她们是万众瞩目的焦点。她们可能是口耳相传的“白骨精(白领、骨干、精英)”，比如吴士宏；也可能是叱咤风云的“女强人”，比如张欣；或者是上镜率极高又受人推崇的“明星级人物”，比如杨澜。她们被人们称为“知性美女”。

她们懂得时尚更尊敬时尚，她们追求物质打扮但更追求心灵洗涤；她们希望岁月的痕迹留在心里，而不是任其爬上脸庞；她们懂得美丽也懂得保鲜；她们的知性比较厚重，她们的美丽比较持久。

这些人物可以称得上女性中的极品，也是许多家长培养女儿的模板。“富养女孩”，就是要依顺女儿的天赋，用父母的实力，打造知性女孩。知性已经不再是一个陌生的名词，它代表的是有内涵有知识有文化有气质有修养，甚至更多。总之，那是女孩子行走人生的智慧，是征服世界的质感。

那么如何培养女孩子的知性呢?

徐静蕾是大家公认的才女，无论作为演员还是作为导演，她都非常出色，可以称得上知性美女的代表人之一。但是对此，徐静蕾则认为:“如果说我的审美能力和分寸感还不错的话，很大程度上得益于小时候爸爸的培养。”

父亲徐子建在女儿的身上花费了不少心血。为了把孩子教育好，他曾专门去图书馆里找关于早期教育的书。父母希望能把女儿培养成一个有修养有内涵的女性。

徐静蕾在两三岁的时候已经开始认字、写字。开始是用铅笔学写，后来用毛笔写。因为父亲发现小静蕾对毛笔情有独钟，于是就在这上面下足了功夫，他每天陪着孩子练习毛笔字。功夫不负有心人，几年间，徐静蕾的毛笔字就已经有了突飞猛进的发展。

徐子建原来做广告制作，在做室外广告的时候需要请人给大厦题字，例如，“某某大厦”、“某某中心”。请名人题字需要花很多钱，客户都希望少花钱却能把事办好，父亲灵机一动，把徐静蕾的字拿出来，送过去。

没想到对方非常满意，认为这个毛笔字刚劲有力，没有四五十年的功底难以写出这样的字来。徐子建心想："我女儿才只有13岁啊。"父亲的内心充满了骄傲和自豪。

在徐静蕾导演的《我和爸爸》、《一个陌生女人的来信》中，片头的字都是她自己写的。如果我们有幸欣赏到她的字，就会明白，徐子健的骄傲是有相当的资本的。

另外，学习绘画也是徐静蕾自己的选择。徐子建极力鼓励女儿对艺术的兴趣，只要北京有美术展览，他就骑自行车驮着她去看，光中国美术馆就不知道跑了多少趟。

由于徐静蕾对新鲜事物的好奇心和求知欲非常强烈，她总是非常主动，经常背着画夹子走东串西，看景写生，自己找老师上课。由于这些独闯社会的经历，练就了她不发憷，胆子大的性格，后来她在完全没有经过专业培训和指导的情况下能够考上北京电影学院，也得益于那会儿的历练。

女孩拥有比较丰厚的知识底蕴，这对人思想、观念、性格、爱好等方面都会产生深厚的影响，也会形成某种具有文化气息的气质和风格，并在言行举止中表现出来，使接触到的人都能感受到她的文化背景。所谓"腹有诗书气自华"，这就是知性女孩的美丽所在。也是富养女孩的一个关键教育点。

何不策高足，
先据要路津，
无为守贫贱，
轗轲常苦辛。
—《古诗十九首·今日良宴会》

当然，每个女孩都是一粒亟待发芽抽枝、开花结果的种子。也许她是玫瑰花种，也许她是牡丹芍药，也许她是柳枝婀娜，无论是

什么，有一点毋庸置疑，每一个女孩都是一个独特的个体，都是在未来充满天赋、才能和智谋的独特幼苗。

在女儿小的时候，虽有强大的潜在的能力，但她尚不成熟，难以疏导，于是，问题控制了她，而她不能控制它们。很多时候，父母们把这些潜在的天赋当做了一种教育的苦恼，而不能发挥孩子内在的聪明才智。

据医学证明，有时候，女孩的缺陷甚至也可能是一种潜在的天赋。比如：一个对什么事情都发牢骚、抱怨的女孩，可能将来会成为眼科大夫，因为她具有敏感和精细的品质；喜欢组织一群朋友活动，并且表现出专横的女孩可能成为公司的行政人员，她会通过把任务和权力委托给她的员工来建立威信；在每一件小事情上都喜欢与人争论的女孩可能会成为律师，替那些不懂得为自己争辩的人辩护。

也就是说，任何女孩，都是一个潜在的知性美女，都有着固有的内涵，作为父母，要能够善于挖掘，顺应孩子的天赋，而不是强迫她按照父母规定的方向去发展。

“富养女孩”的概念里还包含着这样的内容，那就是：父母要在女儿身上花费足够多的精力，去发现，去感知，去支持，去关爱。

对于教育，“顺其自然、因势利导”早已经得到了众多家长的认可，为了让女儿更有质感，我们首先要做的就是发现孩子的独特天赋。如果我们寻找女儿小时候的行为后面隐藏的真实意图，给予成长的空间，提供充足的阳光，在需要时加以修剪，一个女孩就会自然而然地向着她的生活目标成长。

让女儿爱上学习，也要根据女孩的特性，比如，“擅长有时限的任务”，“对问题的把握很感性”等特征，诱导孩子的学习兴趣，从而让孩子爱上学习。不到二十五六岁，女孩是不会认识到其独特天赋并发现自己的真正目标的。

压抑她的天赋，遏制她的愿望，或是不让她表达心声，她很可能一生都找不到自己的目标，当我们的目的和女儿显现的天赋相冲突时，就会阻碍她长大成为一个健康的女人，一个具有女性本质和内在才能的女人。即使你用一座金山银山来培育，也不能算做“富养”。只有顺其自然，她的真正的本性才会努力冲出来，通过外在的行为来表现她的存在价值。如此，“富养”才有意义，“知性”才不会虚浮。

温柔：呵护小公主的似水轻柔

富养真经

FU YANG ZHEN JING >>>

女孩的天性在哪里，女孩的魅力在哪里，这是父母培养女孩的关键之处，“富养女孩”，就是要父母用最大的努力维护女孩的天性，不能让自己的后天教育损伤女孩天赋的魅力。这样的培育，才能称得上“富”。

随着韩剧《我的野蛮女友》的热播，我们看到越来越多的女孩子改变了原来的温柔娴静，变得越来越果敢泼辣了！很难说这种变化好还是不好，但我们对这种现象深入思考就会发现：这和家庭的周密保护有关——只有一个宝贝女儿，作为家长，总是想让她厉害点儿，不能受欺负。

那么，“富养女孩”接受不接受这种观点呢？这不是一个简单的是与非的概念，首先我们要思考一个问题：单凭教导所生发的勇气，是否能造就女孩真正的自信呢？另外，吸纳男性的勇敢优点并不等于要排斥女性的温柔长处。“富养女孩”的理念就在这里，任何时候，不能抛开女性的根本，这一点，家长心目中需要有更清晰的认识。

“富养女孩”，就是要维护其女性的温柔。所谓温柔，即温和、温存、柔顺、柔情。温柔是做人的智慧，也是做人的美德；温柔是爱的艺术，也是爱的力量。

5 岁的云云从小就性情暴躁，易怒，动不动就又咬又踢，似乎对所有的人都很不满，这让她的父母烦恼不已。

在幼儿园里，云云也是个很难接近的孩子，她非常好斗，只要看谁不顺眼，就喜欢抡起小拳头。孩子们都不喜欢她，而她也越来越不喜欢幼儿园。但是让她在家里，她也并不快乐，因为，她发现，自己总是不能随心所欲。

母亲对云云无可奈何，只能暗暗叹气，不知道她为什么是这么古怪的孩子。妈妈向自己的一位好友诉说了自己的苦恼，这位朋友是一位儿童教育专家。朋友问妈妈：“你原来希望自己的女儿是个什么样子？”

妈妈回答说：“因为我自己比较软弱，我当然希望她不会受任何欺侮，因此，她总是告诉她：不要怕，你就是最强的。但是我想这并没有什么错，而且我并没有告诉她要对付别人。”

“平时在家里是不是只有她说了算。”朋友又问道。

妈妈想了想，点了点头，说道：“虽然不是故意的，但是我们似乎都很宠着她。”

“在怀孕时，或者孩子出生之后，你们家是不是发生过什么变故？”

妈妈有些惊讶，儿童教育专家什么时候成了神算子？她疑惑地说：“是，我怀孕没有几个月时，经济滑坡，工厂大批裁员，我失业了。那段时间，我非常郁闷，总是觉得这个世界太不公平。其实，我是因为太软弱才被裁掉。”

“症结就在你自己身上，忧心忡忡的心境会致腹中的胎儿还未出生就受到了坏情绪的影响，以至出生后便表现出暴躁、易怒、孤僻

的性格特点。而在出生后，你又刻意想让她变得强悍，这就形成了她现在的性格。”朋友解释说。

其实，云云之所以好斗，是因为她缺乏安全感，之所以出现这样的情况，儿童教育专家已经分析得非常透彻。

对于女孩子来说，她的本性是不好斗的，这是由女性荷尔蒙所决定的，正如睾丸素让男孩成为富有攻击力的“斗士”一样。女性染色体基因蓝图由女性激素激活，这些荷尔蒙在女孩出生之前就已经为她规划了未来，并最终发展成为女性荷尔蒙的接纳系统。

医学专家说：女性激素会让女性皮肤变得很漂亮，女性激素会让女性个性很温柔，这就是女人的特质。如果孕妇的脾气会变坏、暴躁，那么直接影响到胎儿的发育，对于女孩子来说，还会影响其荷尔蒙分泌。

因此，富着养女儿，就要保持她的原有本色。抛开生理因素不说，从社会心理来说，一个温柔的女孩总是会比一个暴躁好斗的女孩更受欢迎。

某公司有一个女孩子，性格非常温柔，平日里，她只是默默工作，话语不多，和人聊天，也总是面带微笑。一年，公司里来了一个十分好斗的女孩子，为了在办公室里迅速占据头领的位置，她不时发起进攻，很多同事在她主动发起的攻击之下，不是辞职就是调离。

最后，这个好斗女孩子的矛头终于指向了那个温柔的女孩子。某日，“好斗女”抓到了“温柔女”的把柄，立刻点燃火药，噼里啪啦一阵，谁知“温柔女”只是默默笑着，完全没有反驳，这反而让“好斗女”没了主张。最后，好斗的那个主动鸣金收兵，但也已气得满脸通红，一句话也说不出来。过了半年，这位好斗的女孩子也自请他调。

> 最是那一低头的温柔，
> 像一朵水莲花不胜凉风的娇羞。
> ——徐志摩《沙扬娜拉》

这就是温柔的力量，没有足够的“修养”，难以抵挡“好斗女”的挑衅，很多人不怕雷烟火炮，却怕这要命的温柔。因为，面对温柔，通常人们没有用武之地。难怪有位诗人说：100％的智慧加上100％漂亮不如1％的温柔。

王丽娟是一位优秀的白领，表面上看起来，她似乎非常成功，她说：“从小父亲就教育我不能太女孩气，所以我很早就开始学习独立生活，试图去做所有男孩子在做的事。毕业的时候我没有服从学校安排，找了一份挑战性很大的工作，并且一直做到现在。”

对于王丽娟来说，工作的事她得心应手，但是唯一遗憾的是，她与丈夫正过着貌合神离的生活。而且，她非常不善于处理家庭成员之间的关系，婆媳不睦、姑嫂不和，就连自己的父母也对她极为不满，说她太过无情。

“他们都不理解我的工作，”王丽娟非常委屈地说，“我的丈夫经常大发雷霆，埋怨我不能像别人一样把家收拾得干净利落，还一天到晚在外面应酬。我的父母和公婆总是会说我无情，我的小姑却取笑我说我是木头。我到底有什么错？”

王丽娟有什么错，错的不过是她父母的教育方式。她们完全违背了女性的成长规律，让她的温柔消失殆尽。

一个女性，缺少了温柔，会使魅力减色，会让智慧无光。温柔是女人特有的武器，一个温柔的女性，当她说话时，所有的人都会不由自主地沉浸在女人所营造的氛围中。“富养女孩”，绝对不能让女儿少了温柔。

童心：最美是天使的纯真无瑕

富养真经
FU YANG ZHEN JING>>>

女儿本来就是一个财富的宝库，她的童心，她的纯真就是她最大的财富，作为父母，不要用自己的明争暗斗、唯利是图把女儿的财富消耗殆尽，维持小天使的纯真无瑕，保护小公主的富足的爱心，这就是“富养”的内容。

我国明代著名的思想家李贽说：童心可贵，贵在“夫童心者，绝假纯真，最初一念之本心也。”每一个孩子都是天使，是充满爱的天使，是最纯洁无瑕的天使。

杜紫玉出生在商城县城一个较富裕的家庭之中，8岁时，她到宜阳县樊村舅父家度暑假，认识了一个穷孩子向娃子，他穿的是破衣，住的是破屋，父母亲都有病……小紫玉非常可怜这个孩子，就把身上的零花钱全掏给了向娃子。小紫玉还向父母要钱，资助向娃子读书。这一捐助就是10年。后来向娃子考上秭归青华职高，紫玉又从生活费中挤出200元表示祝贺。

童心可贵，贵在没有尘染的爱，贵在没有杂念的帮助。童心之爱，纯真温馨，不虚情，不假意，不图回报，不带丝毫功利。情自心生，爱源情发，绝不注水掺假。把这样的孩子称为天使，再恰当不过。

对于女孩子来说，纯真也是一种天性。可以说，她们是一张名贵的白纸，所谓“富养”，就不能让这张白纸随着岁月的流逝而被来自于家庭的、社会的污迹所沾染了。进一步说，富养，就是不能让孩子童心的真诚被世俗的欺诈所愚弄；不能让孩子童心的纯洁被成人的恶习所玷污；不能让孩子童心的最原始的爱也被来自成人的冷漠无情所淹没。

很多家长都对自己的家长权威非常重视，自以为是地做孩子的老师，但是好多时候，女儿却是我们最好的老师。在孩子的心目中，世间的一切都是美好的，世间的一切美好的东西都是值得去爱和珍惜的。

柯尔伯格是美国著名的道德教育专家。这一天，他在一试验班上给小朋友们讲了著名的海因茨盗药的故事。

海因茨有一位美丽善良的妻子，他们本来过着甜蜜恩爱的生活，非常不幸的是，她得了一种很厉害的疾病。只有一家商店才有这种药，不过价钱非常昂贵，而海因茨的生活非常贫困，根本就支付不起。为了挽救挚爱的妻子，海因茨亲自求到那位药商的门下，哀求道：“先生，您就发发慈悲，把这药只按成本卖给我，好吗？我的妻子眼看就没救了！”

药商很不耐烦，问道：“按原价卖给你？你知不知道你在说什么？要是那样，我还做药干什么？”

海因茨继续恳求道：“要不这样，我把手头上的钱全给您，请您先把药卖给我，治我妻子的病。剩余的欠款我随后还您，您看行吗？”

狠心的药商一口回绝了他。

海因茨悲伤绝望地走了，但是他不甘心自己的妻子就此与世长辞，于是，他在夜深人静时，去偷走了那种药物给妻子治病。

故事讲完了，柯尔伯格就问小朋友道：“小朋友，你认为海因茨应该偷药吗？偷一个人的药用来拯救另一个人的生命错了吗？人们在这种情形下偷药应受惩罚吗？”

听到这一问题，孩子们纷纷举手发言。有很多孩子认为偷药是

一种不良行为，因为所有的家长都告诉过孩子偷东西的不是好孩子。但是他们同时表示了对药商的反感。还有一些孩子，认为海因茨应该偷药，因为那个药商不把药卖给他，而他的妻子就要死了。

无论孩子们持什么样的意见，所有的孩子都认为救人是重要的。这时候，柯尔伯格看到10岁的布兰妮一直坐着，一声不吭，就让她发言。

布兰妮站了起来说："我认为，海因茨偷药是不对的，但是他为了妻子的病又必须这样做。不过，最好在他妻子用药后，他主动到药商处告诉他真相，接受责罚。"

说完这些话，布兰妮居然哭了起来，柯尔伯格连忙安慰她，问她为什么要哭泣，布兰妮回答说："因为必须要惩罚这个偷东西的人，可是他却是为了救他将要死了的妻子。"

柯尔伯格感动不已。

童心无价！她们的爱是那样的富有，这使得她们充满了灵性和智慧，一个很难解决的问题，只要用这颗纯真的童心一衡量，一切便都迎刃而解。"富养女孩"，就是要保证让女儿的这份童心不泯。

孩子的成长历程是一本神秘而厚重的书，从婴儿到童年，从童年到少年，从少年到青年。女儿在一天天地长大和成熟，父母却一天天地成熟和变老，两代人的人生旅程是两条平行线，如果没有一个养育标准，那么，两代人的心理永远也不会有交汇的一天，他们只能越走越远，这就是我们经常所说的代沟。

但是"富养女孩"就不会有这样的现象出现，因为我们提倡顺应孩子的天性，让孩子保持她的童真，而为了保持孩子的童真，我们必须放下大人的架子，以孩子的眼光看待孩子，怀揣一颗童心，与孩子一起进步，一起成长，多一点宽容，多一点理解，以身作则作个好榜样。

可是现在的孩子，在童年就已经没有了童心，诸如情人节给自己喜欢的小朋友送花，二三年级的小学生为了掩盖自己不遵守纪律的错误而“行贿”，领导司机聪明的女儿做了领导孙女的跟班——这些让大人啼笑皆非而又瞠目结舌的事就发生在儿童的身上。

很多家长都在赞叹：现在的孩子越来越成熟了。可是却很少有人忧心：孩子的成人化使得童心已经处在缺失的状态中。而出现这种现象，首先要反省的就是家长、老师和社会成员——我们这些“大人”，是我们过早地让孩子进入了成人世界。我们用我们的眼界，用我们的处事方法，把孩子带入了一个错误的空间，我们还自认为这是填平“代沟”的好方法。

“孩子是家长的影子”，因为家长是孩子的第一任老师。如果让孩子不泯灭童心，那么就不要用自己的俗不可耐的做人的心计来熏陶孩子，那是对孩子最大的伤害。

第三章

爱是最好的养料

——父母要有富足的“爱心”

对于女孩子来说，充足的爱是她成长的最好养料。爱不但意味着关怀孩子的饮食起居，教会她为人处世，让她掌握世界的知识，同时还要肯在孩子身上花时间，能够多抱抱她，多陪她聊聊。“富养女孩”，就要给女儿富足的爱心，无论是母亲的慈爱还是父亲的严爱，都不可或缺，让孩子在如山的怀抱和如水的温情中，逐渐成长。

女儿是母亲的贴心小棉袄

富养真经
FU YANG ZHEN JING >>>

女孩就像一朵小花，或美丽，或娇弱，或妩媚，或敏感，或细腻，她们各具魅力，但她们的成长离不开母亲的关爱和理解。由于母亲和女儿具有同样的女性基因，要经历同样的生理和心理历程，因此，母亲贴心的关怀会让女儿更加成熟。“富养女孩”，要求母亲付出更多的爱与理解。

我们常常听到这样的话：“女儿是妈妈的贴心小棉袄。”意思是说女孩温柔体贴，与母亲心心相印，母亲能读懂女儿的每一个眼神，每一种情绪。同时，在女儿嘟着小嘴撒娇的那一刻，母亲也体会到了亲情的温暖、被依靠的满足感和温馨母女情的甜蜜。

同父子关系相比，母女关系往往看起来更为亲密。这种亲密的关系对女孩的成长是十分有益的——亲密的母女关系带给女孩沟通、交流的经验，有利于发展女孩的亲密感和感受性，使她感受到更多的情感支持。这种对女孩心理需求的满足，还有谁会比母亲做得更好？正是女孩与母亲的共性，使女孩有了借鉴的榜样，并从中发展了自我。

在下面的故事中，我们可以看到一个母亲的爱与理解对女儿是多么重要。

艾德拉和爱葛妮丝曾经是同学，因此，两个人经常到对方家里玩耍。一天，艾德拉的母亲芭芭拉接到爱葛妮丝母亲的电话，在电话里，爱葛妮丝的母亲气愤不已，她毫不客气地对芭芭拉说："你好好管管自己的女儿吧，有这样一个女儿，是你做母亲的失职。"芭芭拉非常诧异，但是她没有发火，而是等爱葛妮丝的母亲平静下来之后，才开始发问："究竟发生了什么事？"

"我们周末度假回来，发现洗衣间的窗子没有关好，地上撒满了打碎的鸡蛋，臭气熏天。"爱葛妮丝余怒未消。

"那和我女儿有什么关系？"芭芭拉依然不解。

"艾德拉的男友最近同她分手了，开始与我女儿爱葛妮丝约会。这是起因，于是，艾德拉便开始报复爱葛妮丝，这件事就是她领着几个朋友干的。"说到这里，爱葛妮丝的母亲又提高了声调。

芭芭拉联想到艾德拉这几天的情绪和她一贯的泼辣作风，开始相信这是女儿的作为："让我先同她谈一谈，再给你回话，我为你的不幸感到抱歉。"

芭芭拉非常生气，她不相信自己的女儿如此不理智，她决心好好教训她一下。不久，艾德拉回家了，她显得情绪低沉。芭芭拉一直在客厅里等着她，但是看到女儿如此的情绪，她也非常难过，她问道："艾德拉，爱葛妮丝的妈妈打电话来了，她非常生气，我不知道该怎样回复她。你能不能告诉我，到底发生了什么事？你是不是把鸡蛋扔进了他们的屋子里？"

"没有，妈妈。"艾德拉断然否定，但是却无法掩饰自己的窘态。

芭芭拉看出了这一切，但她还是当着艾德拉的面拨通了爱葛妮丝家的电话："我是芭芭拉，我想你是委屈了我的女儿，她不会做这样的事情，我希望你停止向别人传播这是艾德拉的行为，而我希望你向我和我女儿道歉，因为你错怪了她……"

芭芭拉显得郑重其事，她注意到艾德拉如坐针毡的神态，但是她希望女儿能够自己反省。艾德拉其实很感激母亲为自己辩护，但想到母亲为之辩护的乃是一个撒谎的女儿，艾德拉就难过不已。她心想：这绝对比妈妈痛骂我一顿更让我难过。

最后，艾德拉向芭芭拉示意，她要和她谈谈，芭芭拉立刻放下了电话，静静地坐下来，等艾德拉开口。艾德拉哭了起来，芭芭拉不动声色，过了一会，艾德拉抽噎着说出了事实真相，那的确是她带人干的。只因为自己的男友威尔逊喜欢上了爱葛妮丝。

看着女儿如此伤心，芭芭拉也哭了起来，这让艾德拉的罪恶感更加重了，她本以为妈妈会对她破口大骂，但妈妈并没有这样做。

母女俩相互安慰着平静了下来，这时候，芭芭拉同艾德拉讲起自己过去的类似经历，讲到做父母的难处。最后，芭芭拉讲道：为了保护自己的孩子不受任何伤害，所有的母亲都愿意同任何人争吵，为自己的孩子辩护，但这样做不明智，通常只能看着自己的孩子承受这一切风暴，从中吸取教训。

艾德拉一下子感觉到了母亲的爱与理解，这给了她勇气纠正自己的错误，她打电话给爱葛妮丝的母亲，承认了错误，并愿意做一切来补偿。爱葛妮丝的妈妈显然已经消除了怒气，她说：“我接受你的道歉。”

有着同样的女性基因使得母女之间有着很多类似的地方，比如慈善，比如温柔，对于自己的女儿，所有的母亲给予最多的恐怕就是柔情。同时，母女之间也是息息相通的，即使没有完全相同的经历，心理和生理发展过程也有相似之处，因此，母亲很容易理解女儿的心理，而女儿，也非常希望得到母亲的理解和关爱。

亲密的母女关系有利于发展女儿的亲密感和感受性，使她感受到更多的社会支持和友谊。对于女孩来说，女性基因赋予她们的是用“关系中的自我”来解释社会，她们喜欢交往，并注重发展亲密的友谊。她们对人更感兴趣，在摇篮里就表现出愿与人交流的倾向性。交流使她们感觉到支持。先交流后行动是女孩习惯的方式。女儿同母亲的联系则给了女孩最直接的关系解释，女儿会从与母亲的交流中，找到一种与社会其他人交流的最佳方式。

女儿的确需要建立独立的自我，但这种自我是在日益复杂的关

系中，特别是与母亲的关系中实现的。她们与母亲具有共性，这种共性有利于在家庭生活中解决不可避免的冲突、纠纷和误解。

女孩从小就在注视着母亲的一举一动，母亲的行为将女儿带入了女性世界，从母亲身上，女孩开始知道做女性应当是什么样子。无论女儿将来是否真正仿效母亲，做同母亲一样的女性，母亲对她的影响都是随处可见的。

一个自信的女儿通常会有一个自信的母亲。而能够恰到好处地对待女儿的母亲往往是比较自信的母亲，她有明确的个人生活目标，有吸引自己注意力的理想，最难能可贵的是，她们不需让女儿为自己完成未实现的幻想，也不需在女儿身上倾注所有情感的、理想的寄托。她们的爱是单纯的。

> 母亲呵！
> 你是荷叶，我是红莲。
> 心中的雨点来了，
> 除了你，
> 谁是我在无遮拦天空下的荫蔽？
>
> ——冰心《繁星》

母女之间的关系发展需要经历不同的阶段，在童年，女儿需要母亲理解和支持她发现属于她自己的世界。但是进入少年阶段，母亲通常会开始重新找回自己可能在孩子小的时候失落的能力、影响和魅力，这时候女儿就迫切地想要知道母亲在外面的工作和活动。在青春期，女儿得到最深刻的锻炼，这时期发展起来的母女关系可以持续终生，即使在女儿成年后，母女之间仍会保持密切的关系。当女儿加入到母亲的行列中来时，她们就从母女关系转变成了更为平等的朋友关系。

总之，母亲能体会女儿的心理，并按自己的理解给予指导。这样的母女很容易形成朋友关系，保持终生友谊。

父爱如山如海

富养真经
FU YANG ZHEN JING >>>

来自父亲的爱是无私的，是博大的，它能够撑起女儿的一片天。因此，“富养女孩”，就要父亲对女儿付出更多的关注和支持，让女儿在尊重疼爱中找到幸福的方向，找到温馨的感觉。

对于女儿来说，父亲就是她的靠山，父亲就是整个家庭的支柱，有了父亲，她就有了安全感。因此，与母爱相同，父爱也是女孩子成长必不可少的养料。在女儿认识世界的过程中，有了充足的父爱，女孩将发展出一种刚柔并济的性格。

父爱如山，父爱无言而深沉，父爱犹如春风细雨，润物无声，高尔基说:“父爱是一部震撼心灵的巨著，读懂了它，你也就读懂了整个人生!”相比男孩来说，女孩更容易读懂父爱。

文文是一个非常娇弱的孩子，在她16年的岁月里，她一直都与医院有着不解之缘。吃药就不用说了，鼻孔插导管的日子也司空见惯。直到那一天，文文又一次住进了北京的一家医院，她才从病历卡上知道了自己患的是一种绝症，刹那间，文文的天空塌了。

那天，父亲一如既往地给文文送来饭菜，还带来了一个小礼物——一把带有香味的小小的折扇。文文却难以克制自己的绝望，她放声哭了起来。父亲愣怔了半天，突然背转过身去，肩膀不停地抖动起来……

文文失眠了，绝望一次次冲垮她的信心，她难以面对自己的未

来。第4天清早，文文将自己打扮整齐，趁没有人注意，悄悄溜出了医院。她知道，医院不远处有一家农药店，文文已经做好了结束生命的准备。她疼爱自己的父亲，也实在不愿面对自己没有希望的未来，只有结束生命，才是对父亲最好的报答。

就在文文和老板讨价还价的时候，父亲从门外奔了进来，一把抱住她，号啕大哭起来。许久，他才对文文说："我们可以承受再大的灾难，却无法接受你无视生命的轻薄。"自以为最疼爱父亲的文文此时才发现自己的这一举动有多么残酷，那一刻，她发誓，一定把生命坚持下去。

母爱是伟大的，父爱是博大的，父亲的爱，能撑起孩子的整个天空，让孩子在最懦弱的时候建立起自信。

那些善于教育的父亲总是在女儿的背后告诉女儿：无论前方是什么，只要往前冲，不要害怕，不要犹豫，鼓起勇气，尽管去做吧。

让我怎样感谢你
当我走向你的时候
我原想收获一缕春风
你却给了我整个春天

——汪国真《感谢》

女孩子是用关系来解释社会的，《为什么女人不能更像男人》的作者西丽亚·哈拉丝博士说："一个女人的幸福程度更多地取决于对她和她所爱的人的关系的满意程度。"如果一个女孩子，能从父亲那里得到充足而理性的爱，那么，她的一生都能够生活在幸福之中，这话虽然有些极端，但是，在心理学上很有意义。

俗话说，母爱如水，父爱如山。当母亲含辛茹苦地照顾孩子时，父亲也在努力地扮演着上帝赋予他的温柔角色。因此，教育女孩，父亲绝对不能走开。

冰心的父亲谢葆璋，虽说是一位雷厉风行的海军军官，对待女儿却也舐犊情深，他对自己这唯一的爱女，充满了柔情。谢葆璋非常关心孩子的身体，也最恨当时给女孩子穿紧鞋的习俗。

小冰心深知父亲对她的疼爱，所以，当她稍稍感到鞋子紧，就故意在父亲面前一瘸一瘸地走。父亲一见女儿如此，非常心疼，就立刻埋怨妻子："你又给她小鞋穿了?!"冰心母亲知道这是小冰心故意的，她假装生气了，把剪刀和纸裁的鞋样推到丈夫面前，说："你会做，就给她做，将来长出一对金刚脚，我也不管!"谢葆璋还真的拿起剪刀来剪鞋样，逗得母女俩笑了起来。

在父亲的关怀和疼爱中，冰心懂得了爱，在她所有的作品中，都离不开爱的主题，她把"爱的哲学"发挥到了极致。她有一句著名的话就是："有了爱，就有了一切!"

父亲对孩子的爱、关心、照顾，情绪的感染，以至父亲的一举一动，一怒一笑都在潜移默化地影响着自己的孩子，对孩子的成长有着独特的作用。

大量的研究资料表明，与父亲接触少的女孩，体重、身高、动作等方面的发育速度都会落后些，并普遍存在焦虑、自尊心不强、自控力弱等情感障碍，表现为忧虑、多动、有依赖性，被专家称为"缺少父亲综合征"。而在父亲坚实臂膀的支持和呵护下，不管身处何处，女儿总是能平安健康地茁壮成长。

其实，10岁左右的女孩子非常渴望参与到父亲的生活中去，他们也许有共同的兴趣，也许没有，但不管怎样，她就是希望在自己生活中被这个特殊的男人接纳，希望得到这个特殊男人的爱。她们会和爸爸一起去看电影、一起去打球、一起出去晚餐、一起去上一天班、一起出一趟差、帮父亲劈木柴、在花园里一起工作等等——她可能并非真的想这样做，但是最后她总是决定要这样做——这都有助于让女孩感到自己有价值、有能力和有自信。

在女儿的关系网中，最受欢迎的其实还是父亲，她们甚至渴望

独占父亲的关注，她们特别需要有人倾听自己的感受、理解和尊重自己，当然，她们也很喜欢向母亲诉说，但是她们又不大喜欢母亲的小题大做和唠唠叨叨。

如果父亲过于严厉、过于理性、压抑，或者对她的情绪表达感到不耐烦，那么女儿将非常失望。因此，在“富养女孩”的理念里，作为父亲，一定不要忽视这一点，爱女儿，不要太过死板，过于严苛，会让女儿对你敬而远之。

父亲的爱是女儿最好的依靠，如果一个父亲，没有正确的表达自己的爱，那么，他很可能让孩子产生挫折心理，在失望和孤独中也会曲解“关系”。因此，“富养女孩”，就是要父亲能够帮助女儿，维护女儿，尊重女儿。

小公主渴望与父母相伴

富养真经
FU YANG ZHEN JING >>>

以为亲子相处重“质”就够了，是一种不负责任的表现，“富养女孩”就要杜绝这样的做法。与女儿相处只是蜻蜓点水打个照面，但当孩子碰到问题需要有人和她谈谈时却不见父母的踪影，这样的女儿无法感受到来自父母的保护，她的性格就很难完善。

“爸爸妈妈：

你们都在外地，一去就得半年多。我很想你们，有时梦到你们，就喊。爷爷听到我喊，就说爸妈狠心。不过我知道爸爸妈妈全是为了我，在外地劳碌。”

这是一封曾在媒体上刊登的书信，是来自一位农村留守儿童的

呼唤。从这封信里，我们能够看到孩子那颗渴望与父母相伴的孤寂的心。

从生命开始的那一刻，孩子就与父母结定了浓于水的血缘关系，父母就应该给孩子最温馨、最可贵、最感动、最纯真的亲情。尤其是女孩，女性的基因赋予了她们的细腻、敏感，同时让她们有了对亲情的依赖，她们总是用自己的感觉“触角”，去触摸父母对自己的关爱。

有这样一则感人的故事：

父亲满脸疲倦地走进家门，女儿兴高采烈地迎上来。父亲马马虎虎地打了个招呼就要走。这时候，女儿拦住了父亲，她问父亲一个小时的工资是多少，父亲有点不高兴地说 20 美元。女儿好像没有看到父亲阴沉的脸，她请求父亲借他 10 美元，父亲很气愤地问她：“又要买什么玩具？你的玩具不是很多吗？我工作这么辛苦，一个小时也才 20 美元，你就这样乱花我的钱！马上回房间睡觉去！”女儿呆了，她非常沮丧地回自己的房间了。

一会儿，这位父亲冷静下来，他觉得自己做得非常过分，就去找女儿，说答应她的要求，给她 10 美元。女儿高兴地亲吻了爸爸一下，然后从床底又拿出了一些钱。父亲这时又忍不住了，他质问女儿为什么自己有钱了还叫他再给她。女儿说：“爸爸，我这里只有 10 美元，你给了我 10 美元，我就有 20 美元了，爸爸，我要用这 20 美元买下你的一个小时，请你陪我玩。”

父亲呆了半晌，才反应过来。他忽然发现自己已经有好久没有和孩子好好玩玩了。

女儿不仅仅需要物质的满足，更重要的是父母无私的爱。一个与父母相伴的女孩子总会比那些没有父母相陪的女孩子更能够感受到幸福，相反，后一种孩子在长大之后很容易形成爱的饥渴。因此，富养女孩，一定要多陪陪孩子。

几乎所有的父母都在寻找着更好的教育方式，以便让自己的女

儿在未来的社会生活中能够应付自如，可是她们不知道，对孩子来说，教育必须以关爱为基础。父母经常用语言和行为对孩子表示爱与关心，会使孩子产生安全和归属感。孩子向父母学习爱与被爱，可发展亲密的感情，这有利于教育的进行。

而爱的最好的表达方式就是多陪陪孩子，仔细回忆一下就会发现，孩子经常这样对我们说："我好长时间都没有和爸爸妈妈一起逛过街了。""我们什么时候一起出去玩一玩。""妈妈，你能多陪我一会吗。"而面对这样的问话，我们的回答总是会令孩子失望，我们的借口是努力为了孩子创造良好的物质条件，可其实，孩子的精神更需要富养。

对于孩子来说，最高兴的事莫过于在一个晴朗的休息日和爸爸妈妈一起逛逛公园，然后开开心心地回家。可这样的日子，一家三口轮到一起休息的日子实在太少了。小公主渴望和父母相伴，可是，我们把大量的时间和精力都花费在了工作和其他的事情上，而没有给自己和孩子留下一点点的时间。

很多人都这样认为：只要父母和孩子都珍惜在一起的时间，和谐相处，沟通感情，即使平时大家各忙各的，彼此的心仍会紧紧地联系在一起。虽然这是一种经济有效的教育理念，但是没有接触的关爱，总是让孩子感觉到陌生。

孩子缺少了父母的陪伴，容易遗失亲情——一种孩子成长过程中必不可少的父母的爱，孩子不要你给她买多少玩具，她只要你陪着她，这就够了。有这样一个广告，一个小女孩得了奖状，晚上等爸爸回家来看，可是左等不回来，右等不回来，她睡了一觉爸爸还没有回来，她哭了爸爸也没有回来……孩子那种期盼的心情让人看了非常难受。广告最后的一句话好像是：有时间，多陪陪孩子。

莫言是我国著名的作家，由于他工作在外，与女儿管笑笑的关系很陌生，但是他非常注重与女儿的感情培养。

每当探亲时，莫言就会陪在女儿身边，与女儿聊天。他家后院有一块很大的菜地，莫言会带上笑笑去锄草、打药治虫、翻地，父女俩通常都是一边干活一边聊天。尽管如此，由于长时间的隔离，每次回家，莫言都需要和女儿有一个重温父女情的过程，过了很长时间，女儿才慢慢接受他。这让莫言很是心酸。

1995年，13岁半的笑笑和母亲离开山东，随莫言来到北京生活。莫言与笑笑在一起的时间长了，父女之间的感情也越来越深。随着笑笑的一天天长大，父亲那无微不至的关爱也就越来越让她感动。

笑笑读高一那年，一天中午，突然下起了大雨。由于早晨出门时天还很晴朗，笑笑没有带伞，她和同学们合撑一把伞去食堂吃饭，衣服还是被淋湿了。她不由得暗暗叫苦，暗暗祈祷雨一定要在下午回家的时候停下来，否则，她可要淋成落汤鸡了。

然而当笑笑回到教室时，却意外发现课桌上放着一把崭新的伞。同学们羡慕地告诉她："笑笑，你真幸福，刚才是你老爸来给你送的伞！"笑笑笑了，父亲的关爱一直陪在她身边。从学校到爸爸上班的地方有四站多路，而爸爸一路在风雨中奔波，为的就是给自己的女儿送一把伞！

"富养女孩"，就是要让孩子感受到来自父母的关爱。爱孩子、教养孩子就是要和孩子常相处。当"常回家看看"的亲情牌打出来时，触动了很多子女的心，让他们把更多的时间奉献给了自己年迈的父母，反过来说，"多陪陪孩子"也应该让父母们为之警醒，不要让孩子幼小的心灵受到孤独的伤害。

> 无父何怙，无母何恃。
> 出则衔恤，入则靡至。
> 父兮生我，母兮鞠我，
> 拊我蓄我，长我育我。
> ——《诗经·蓼莪》

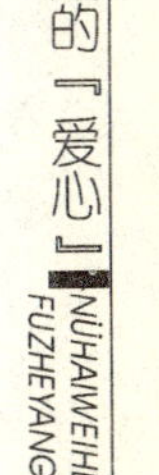

不管我们工作多么繁忙，不管我们生活多么紧迫，都让我们挤出些时间来关注一下我们孩子的所思所想吧！她们还是一棵棵的幼苗，不仅需要扶持和监管，更需要细雨的滋润和暖阳的普照！

发挥父母对女儿不同的影响力

富养真经
FU YANG ZHEN JING >>>

从母亲那里，女儿得到的不仅是生命，还有对自己绝对关爱的榜样。母亲的眼神里闪烁着女儿的心灵。母爱代表着人性和社会生活的情感方面，而父爱则往往象征着事业、思想、秩序、冒险和奋斗，代表的是理性方面。在一个父性和母性影响力均衡的家庭长大的女孩，会对社会和人际有着正确而恰当的理解，能较好地把握生活。因此，“富养女孩”要求父亲母亲对孩子发挥不同的影响力。

对于孩子来说，父母对他们的成长具有潜移默化的影响。而父亲和母亲由于性别气质的不同，对于孩子的影响力又不同。富养女孩，就要求做父母的发挥他们对孩子不同的影响力，让孩子在一个全方位的关爱下，茁壮成长。

首先，大多数女儿都把母亲作为自己的模仿对象。仅是她们的日常生活接触，母亲就可以在无数个方面影响她们的女儿，女儿会从所有母亲能给予的支持和鼓励中获益。如果当妈妈的能鼓励女儿去参加许多活动来开发她的极限能力，并且自己也去这样做，她就能培养出一个既自信又健壮的女儿来。

女儿可以在生活的许多细节中感受到母亲所传递的对于自我、

女儿、男人以及生活的一般观念。由于母女之间的性别相同，在很大程度上，母亲更容易理解女儿。而母亲的责任就是做女儿的塑造者，因为女孩子是天赐的艺术品。母亲教育女孩子，除了给她以精神上、学识上的指导与关怀，更要对其形体、言谈、举止进行约束和培养。

要发挥温柔、善良的天性，更要懂得关心、体贴他人，要善解人意。这是社会对一个女孩子的要求，这些品质本是女孩子的特质，而在这些方面，母亲的言传身教最关键。

另外，母亲还要告诉女儿，她一生的生命路线，除了事业、家庭，还有一个重要的角色就是将来做母亲。母亲应该教导自己的女儿：你的一生中关于事业和母亲的事情都可以去做，但一旦做了母亲就没有什么比做母亲更重要了；女性养育孩子是完全受尊敬的。

母亲还应该如实告诉女儿，她们同男孩的不同之处，男性的一生要比女性简单得多，进入青春期以后没有女性的每月生理周期，他们与生殖的联系不如女性更紧密。这里有三点错误的教育形式：一是教导女孩依靠男人的不健康生活方式；二是教导她们必须放弃自己的事业；三是教导她们男人不能在家带孩子。

母亲负责为女儿展示她一生的蓝图，在这个过程中，母亲要根据自己的人生经验，发挥女性细腻的性格优势，全方位的考虑所有的可能性，提前给孩子打预防针，防止女孩产生迷茫。

第二，父亲是女孩生命中重要的男性榜样。在父亲和女儿面前有许多重要的任务。女儿将从父亲那里了解到权威、权利、能力、愤怒、劳动、人际关系、金钱、冒险、坚持到底以及自尊。

在女孩子的关系网中，她们通常给父亲的定位是理解者和支持者。从呱呱落地的那一刻开始，女儿就需要父亲去理解和支持她们的雄心和梦想。世界的大幕布从一角敞开，她们好奇地观看着世界的原貌，而父爱为女儿提供了满足她们心灵需求的信心和才能榜样。男人的代名词有很多，诸如勇敢，诸如大度，而对于女孩子来说，

父亲的这些品性，是她们娇弱的矫正器，是她们能在跌倒后重新站起的扶手。父亲既要正确评价女儿成为女性的方式，又要描绘他们的男性品质和能力。比如勇气，比如冷静的智慧。没有这两者，就等于在女儿成长的历程中缺少了重要的东西。

教育专家们发现：父亲比母亲更理解孩子，对孩子的培养目标更明确，更实际，要求更严格，方法更适宜，更有利孩子的发展。父亲通过促进女儿人格中男性气质和女性气质的平衡，给女儿一种均衡感。这是母亲所无法给予女儿的。

独立是来自父亲的礼物。“富养女孩”，作为父亲，就应该认识到自己的责任，鼓励女儿进行独立的思考。作为父亲，还要让女孩子学会自我约束。由于性别的差异，父母对于训练的要求往往是不同的。父亲会用强加的方式教会女儿自我克制。由于女孩的大脑负担了更多的感情和感觉因素，帮助女孩学会控制感情非常重要，而父亲往往更重视感情的“控制”。因此，对于女孩子来说，了解和控制感情是保持女性精神需求平衡的重要内容。

对于女儿的感情发展来说，父亲同样占据着重要的地位。父亲是女儿的第一位“男朋友”，父亲对女儿的自我评价会产生重大的影响。父亲有助于使身为女孩的女儿和日后身为女人的女儿感到坦然。我们的女儿作为孩子只有很短的时间，然而，在以后的人生中，她会永远觉得自己是爸爸的女儿。

父亲可以留给女儿的最大的财富，就是理解和尊重。如果父亲能够理解和尊重自己的女儿，那么这个女孩也会期望她未来的伴侣理解她、善待她。但是，如果父亲对女儿的爱表现在对她们具有很高的期望值时，女儿会因为父亲的原因而变得很疲惫，虽然她们会成为很优秀的女生，但是她们却难以体会到欢乐。

33岁的莎娃是一位事业有成的女性，她在一家大的食品公司做销售总监，她已经有了一个很理想的男友，并准备结婚。

几十年来，莎娃一直是父母的骄傲，尤其是父亲，把她作为掌上明珠，她是他的全部骄傲。莎娃从小到大，一直名列前茅，她从大学到求职，再到管理岗位，都表现得非常出色。她是成功的榜样。

当有人问起她对自己的成长过程有什么反思时，莎娃谈到了自己的父亲："父亲一直是激发我努力的动力，没有他的期望与鼓励，我不可能有今天的成绩。但是，我在取得成绩的同时，却没有感到幸福。因为我总是高标准地要求自己向父亲的期望看齐，所以总感到自己的努力不够，拼命挖掘自己的一切潜力与精力。这么多年，我很少能轻轻松松地享受一下生活，时时刻刻都在提醒自己不要放松，继续工作。因而从心理上感到十分疲惫。"

这个父亲不能说是一位失败的父亲，他对女儿的鼓励和期望，是女儿的动力。但是，很难说这是位好父亲，因为他没有让女儿感受到幸福和快乐。在父亲的强势鼓动下，莎娃几乎体会不到生活的轻松。这样的父亲，过分地依赖了自己的影响力，使女儿进入了一种男性的强势压力，她总是强迫自己不停地前进。

这里面就要提一下"富养女孩"的理念，在于恰到好处。所谓"富"，重在质而不在量，过量的永远都有负面的影响，所谓"过犹不及"。

另外，前面我们说过母亲对于孩子的形象气质形成具有重要的作用，其实，父亲的作用也不可小视。但是，就目前的家教现状来说，父亲经常会忽视对女儿身体发育的关注。其实，女人自身形象的发展很大程度上给予她们对男人需要的设想。研究表明，女孩子信任的男人会让她们更聪明。特别是青春期，主动的父亲给予女儿非常想要而且非常需要的性知识，她依赖于他建立良好的亲密关系，在危险时需要父亲的保护。这些，都是作为父亲不可忽略的教育。

还有，在学校的学习成绩和学习能力也与父亲有关，据有关机构调查表明，如果有一个好的父亲，则孩子在数学和阅读理解方面的能力就会比较高。

有关钱的问题是体现父亲作用的又一个主要领域。当然，教给

女儿有关金钱的常识与母亲并非无关。事实上，女儿的多数金融常识都来自母亲，母女一起买衣服或者逛商店时，就是极好的机会。我们只是说，有关钱的问题是父亲可以进入女儿生活的另一个重要领域。当代社会中，多数夫妻都是共同管理家庭财政，因此双方都有责任向女儿传授这方面的知识。

第三，夫妻之间权利的平衡状况明确地告诉我们的女儿们，女人和男人在家的地位和受尊重程度。这也对孩子具有很重要的影响。

女孩会从早期的亲子关系中吸取营养，她与别人的交往模式则起源于家庭中的交往形式，也包括父母之间的交往。在童年时期，关于家庭中的权利和权威的信念将影响到她的自我价值观。如果父母平等地参与家庭生活的重要决策，那么女儿就显得生机勃勃。

总之，孩子出生后接触的第一个社会是家庭，孩子的第一任启蒙老师是她的父母。父亲和母亲对孩子的成长具有同样重要的作用。“富养女孩”，就要父母利用各自的优势，对女儿施加不同的影响力，让女儿在充足的关爱支持和理解下，成为名副其实的小公主。

多抱抱你的女儿

富养真经
FU YANG ZHEN JING >>>

“富养女孩”，就要给孩子最富足的爱，而关爱最好的表达方式就是拥抱，当孩子小的时候，作为父母，我们从来没有吝啬过拥抱，但是当女儿长大成人时，这种表达方式就渐渐消隐了。孩子会随着这种关爱的缺乏而变得彷徨，因此，无论何时，都不要忘记拥抱最需要安慰和鼓励的女儿！

当男孩们正在衡量自己实现目标的能力时，女孩们已经身处某种关系中，并且对这种关系产生了浓厚的兴趣。“我是爸爸妈妈的女儿!”女孩这样想，“这意味着什么呢?”

为了找到这个答案，女儿会认真地观察父母的言行，并且得出一个结论。如果父母对她们十分关注，那么她们就会很兴奋，在人际关系中，很准确地把自己定位在中心，在父母的四面环绕下，安心地成长。如果父母表现得很冷淡，那么她们对关系的理解也会出现偏差，最主要的问题就是找不准世界的核心。她们要么极度自卑，要么就善于攻击，对世界充满了仇恨。

而让女儿感觉自己是否被关注的一个关键问题就是是否能被父母拥抱。从幼儿开始，女孩子就对这个问题很敏感。儿童行为研究专家告诉我们：在孩子初生的两年之内，每天是否和婴儿进行15分钟的身体接触，是此后一生父母与子女关系的关键。

凯瑟琳辞掉了所有的工作，为迎接宝宝的到来做积极的准备。小女儿终于出生了，凯瑟琳怀着激动的心情全身心投入到育婴工作中。

每天，凯瑟琳都要把小家伙抱在怀里，逗她玩耍。看着那个娇弱的小生命，凯瑟琳从心里感到很满足。似乎受到了妈妈的感染，只要被妈妈拥进怀里，小家伙就很兴奋，她贪婪地享受着母亲温馨的怀抱。

小女儿能够咿咿呀呀说话了，凯瑟琳会抱着她低声细语地跟她聊天。小女儿看着妈妈，挥舞着小拳头，明亮的眼睛闪烁着机灵的光芒。她沉浸在母亲声音的每一个细微变化之中。母亲和女儿在这相互作用中感受着愉快。

婴儿需要身体的接触。凯瑟琳的做法是所有母亲的榜样。相反，一个连拥抱都不能给孩子的母亲，又能给孩子什么呢！“富养女孩”，就是让父母能够有更多的时间抱抱她，让她正确地编织自己的关系网。《养育女儿》一书的作者艾里姆夫妇在书里说：“多抱抱她！你要相信，你不仅在实施一种简单的身体行为，那是爱的交流，这是你的一项神圣的使命。”

的确，多抱抱孩子吧，让女儿在婴儿生命的初期就体会到来自父母的真诚的关爱。在一些父母的生活习惯中，他们总是抱着或背着自己的孩子，也许他们要进行各种各样的活动，但是他们总是根据自己要进行的活动，需要的人手以及孩子的需要，把孩子从一个成人交给另一个成人或大一些的孩子手里，从一个温暖的怀抱进入另一个温暖的怀抱。女婴儿是很敏感的，她们能立刻感觉到怀抱与婴儿床或婴儿车之间的不同。

还有些父母极具创造性，他们使用各种色彩丰富的吊带和包裹，把孩子挂在自己的胸部，使孩子温暖舒适不受寒冷和重力的侵扰。这对孩子来说可能是最接近子宫的一种环境。这样的做法，无疑都是要孩子体会到父母身体的温暖。这都符合“富养女孩”的理念精神。

为什么孩子需要温暖的拥抱？专家认为：温暖并有人陪伴会使孩子产生信任感。寒冷、潮湿、孤独的环境别说对孩子，就是对大人也是很糟糕的，而在这样的环境下，孩子会极度烦躁不安，这使她们对世界有一个错误的认识，她们会认为世界本来就是这样的，这不利于她们性格的培养。

相反，在大人温暖的怀中，孩子体会到温馨、舒适，她可以把自己的能量用在最需要的地方——调整自己的呼吸和消化系统，使之得到清理并正常运作，而这对于许多孩子来说是有一定困难的。

> 光明的孩子——爱之神！
>
> “睡吧，小小的人。”
>
> 夜底光，
>
> 花底香，
>
> 母底爱，
>
> 稳稳地笼罩着你。
>
> 你静静地躺在自然底摇篮里。
>
> ——朱自清《睡吧，小小的人》

很多家长都有这样的体验，孩子是很刁的，如果你一直抱着她，她就会习惯于这样的生活，吃奶的时候要抱着，睡觉的时候也要抱着，扰得大人不得安宁。尤其当孩子需要爬行去探索周围的世界时，不能让怀抱成为她们不肯前行的温床，让她们产生依赖性。因此，很多父母都很早就让孩子自己待着，要么让她们自己躺着，要么让她们自己去爬行。

其实恰恰相反。在婴儿期，如果我们不给孩子应有的爱、关心，她们将会更依赖于我们。因为缺少，她们才会更加饥渴，需要更多。

女孩的婴儿期是一段非常难熬的时光，作为父母，要牺牲睡眠时间、洗澡时间、独处时间、工作时间和外出时间来照料她们，尤其是抱着她，悠着她入睡。但这种投入是值得的，当孩子长成青少年时，她的自信和对我们的信任会影响她的决策和行为。

对于小孩子来说，并不缺少父母的拥抱，因为她们弱小娇嫩，父母们必须用怀抱来温暖她，保护她。但是当孩子已经学会行走，已经学会交流，已经读书习字，父母们便很少拥抱她们了，并以长大了为借口，远离这种最直接的关怀方式。其实，孩子长大了，依然需要父母的拥抱。

例如，当女孩的青春期来临，第一次经历月经的女孩可能会觉得惊慌失措，甚至产生羞耻感，这时候，妈妈的拥抱是女孩最有效的安慰剂。它能使小公主们立刻从惊恐里走出来，并能够在今后的许多年中同自己的坏情绪作斗争，因此，无论如何，母亲要给予她这方面的帮助。

对于父亲同样如此，当孩子越来越大时，父亲往往感到无所适从，特别是到青春期时，他们不愿意与女儿有更多的身体接触，童年建立起来的父女关系，往往在这时候最容易断裂。女儿并不理解父亲的这种变化是因为自己长大了，她们认为父亲已经越来越不愿意关注自己了。

但是医学专家说，这时候的女孩子处于最容易出现心理问题的

危险时期，她们经常为了维护人际关系或受人爱戴而隐藏和改变自己的本性。如果一直受她们尊敬的父亲改变了态度，那么，她们就会产生极大的失落感，进而对自己也产生失望。

事实上，女儿非常需要从父亲——他生活中的第一个男性——这里得到信心，因此，在这个阶段，也不要忘记拥抱自己的女儿，并告诉孩子：你现在是个青年人了，我为你感到骄傲。

无论是父亲还是母亲，无论是针对幼女，还是处于青春期的女儿，都不要忽略了拥抱这一个重要的关爱环节，当孩子难过时拥抱她，当孩子沮丧时拥抱她，当孩子高兴时拥抱她，让孩子建立自信，体会温情。

第四章

最美是气质

——“重金”打造女孩的别样韵味

“女孩的形象价值百万”，这句话一点不假。形象气质对于一个女孩子来说非常重要，这不但涉及孩子的交往信心，更关系到孩子以后的婚恋生活。“富养女孩”，就要不惜重金，在女儿的形象气质上下功夫。虽然我们可能很难赋予女儿“倾国倾城”的容貌，但是我们可以打造女儿的气质，让女儿即使走进“花的海洋”，也因“质”压群芳而独领风骚。

沉鱼落雁的不光是容貌

富养真经
FU YANG ZHEN JING >>>

“富养”的一个最直接的结果就是让孩子的内涵不输于人，但是对于女孩子来说，容貌是个大问题，只是过多关注容貌容易毁掉内涵。无论我们是否能够直接赋予孩子美丽的外表，都不能让孩子把全部的注意力放在对容貌的关注上，我们需要让孩子肯定自己的容貌，但更需要让她肯定全面的自我。

孟德斯鸠说:“一个女人只有通过一种方式才能是美丽的，但是她可以通过千万种方式使自己变得更可爱。”女性的美不是单纯的、机械的，沉鱼落雁的不光是容貌，更是气质。

但是很多女孩包括一些家长都陷入了这样的误区，那就是光注重孩子的容貌，可追求“完美体形”最令人伤心的结果就是，女孩子反而学会了拒绝她们身体的自然美、功能和目的。

女性的身体朝气蓬勃，并具有生育能力，因此，在远古文化里，非常崇尚女性外表，但这更多表达的是一种对身体的关注。但是，现在的社会，对女性外表美的要求已经从“尊重身体”变成了追求年轻时尚、皮肤光滑、黝黑、胸部隆起、细细的腰等难以达到的体型，更过分的是要求她们从不流汗、不长斑点、不长皱纹或不来月经。而这已经完全脱离了自然，对于女性是一种不公平的折磨。

其形也，翩若惊鸿，婉若游龙。
荣曜秋菊，华茂春松。
仿佛兮若轻云之蔽月，
飘飘兮若流风之回雪。
远而望之，皎若太阳升朝霞；
迫而察之，灼若芙蕖出渌波。
——曹植《洛神赋》

在“富养女孩”的教育理念里，没有这样的追求，作为父母，一定不要孩子陷入这样一个自我折磨的漩涡之中不能自拔。一个女孩子的气质比她的外部形象更受关注，更具有魅力。“富养女孩”，要打造的就是女孩子自身的气质，这就需要女儿对外表有正确的看法，不过分追求外表美。

首先，父母应当转变女儿的认识，使她能够以积极的态度看待自己的外表。父母应该做的就是应使女儿对自己的外表有十足的信心。我们要赞同她的外表，同时也应帮助她自己产生同感。

这里有一个概念上的区分：要使女儿对自己的外表有信心，不同于强迫她去长得漂亮，关键在于将单纯的外表因素贬低，而强调其他方面的品质，尤其是内在气质对人外貌的影响。

这样，我们在对女儿外貌进行评价时，就应更多地使用带有感情色彩的评语，例如：“你今天精神很好，看起来十分可爱。”“你这样打扮，显得很有朝气。”在这样的语境中，女儿会逐渐理解气质的重要性，而不再把主要经历放在眼睛是否更大，嘴巴是否更小上。

这一点非常重要。因为如果我们不帮助女儿树立这种自信，随着女儿年龄的增长，特别是进入青春期之后，女孩子会越来越多地关注自己的容貌，任何陌生人都可以对她的外貌发表意见，一旦有人有一些不良的评价，她很可能就会受到打击。即使没有人讲，她也会暗自对比社会流行标准不断品评自己，试图满足社会文化对审美的要求。正如有学者所说的那样：“我们对外界的赞同是很在意的，这影响到我们的自信。”

青青没有一个好朋友，只因她长得丑，她认为别人都看不起她。在偌大一个校园里，她总是形单影只，在她的周围，充满了寂寞与无奈的气泡。她是自卑的，因为对于自己的外表非常不看好，她甚至厌恶镜子，她没有一块镜子，并且本能地躲避一切镜子。

那天，青青坐公车去市里的图书馆查找资料，就在车子快到图书馆时，上来一个女孩子，青青一见那女孩子的样子，心里就痛苦地抽动了一下，因为那是一张十分“丑陋”的脸，有被严重烧伤的痕迹。

青青甚至不敢看第二眼，可是她还是忍不住又看了一眼，就是这第二眼，让青青意识到自己对容貌有多么严重的错误理解。

原来，这个女孩子脸上，是恬淡的微笑，而没有青青的忧愁和自卑，即使面对众多观望的眼神，她也没有躲闪，而是和一个中年妇人谈笑自如，偶尔还会像一个正常的女孩子一样的撒娇。

青青一下子受到了震撼，一直以来，她因为极度的自卑，从来不敢大方地表达自己的感情，别说撒娇了，她不由地对她心生敬佩。

下车后，她直接去找那个女孩，女孩很是惊讶，青青也有些不知所措，她不知道该怎么说，她指了指自己的脸，嗫嚅道：“我总是因为我的容貌而自卑……我不知道你能不能……”

那个在旁边的中年妇人一下子明白了青青的意思，她微笑着说：“你难道不知道自己的脸有多么清纯吗？”

青青诧异极了，从来没有人这样跟她说过，她的父母总是说：“长得这么丑，将来可怎么是好？”

那个中年妇人说：“我的女儿也很美，你看她的脸充满了激情的

光辉，她有什么自卑的呢？你也一样，有什么可自卑的呢？”

青青如醍醐灌顶，一下子彻悟了。

很显然，青青的家教就是一个错误的案例，让一个孩子因为容貌产生自卑，父母要负首要的责任。与之相反，那个中年妇人能让一个面部有缺陷的女孩子具有极度的自信，这不由得让人赞叹其教育方法的高妙。

马克斯韦尔的意象心理学中说道：自卑就是那种不如人的感觉，而这种“不如人的感觉”的内核又是“貌不如人的”那种感觉。其实使女孩在童年时代就产生自卑情绪并在后来影响她们性格形成的，并不是在家境或学识上不如人的认识，而是在容貌上有不如人的感觉。因此，“富养女孩”，父母应该让女儿知道，从身体到灵魂，一个人所表现出来的整体效果才是最重要的，而不能让孩子在容貌上感到低人一等。

当然，如果孩子拥有绝对完美的容貌，也不能让孩子有高人一等的感觉，很显然，这样的做法很容易让孩子陷入对容貌的热衷里，而忽略了其他修养和素质的培养，这样的孩子长大之后只能做一个绣花枕头而已。

那么，具体说来，应该怎样做呢？

第一，父母在言行上应当注意一些问题。

1. 一定不要苛求别的女性的相貌。如果我们这样做，只表明每个人都觉得女性就应该长得美，而且必须长得美，否则就难以见人。在谈话时，如果一个女性很漂亮，就要侧重对她的其他方面进行评判，不能将注意力集中在她的外表上。

2. 不要对女儿的相貌进行批评、取笑或是过多的赞美。无论是批评还是赞美，虽然父母可能漫不经心，但会造成影响女儿一生的错误的认识。你若说她鼻子太大或腰长得太粗，她可能终生讨厌那部分。

3. 多称赞女儿的其他天赋及成就。在女儿很小时，就要告诉她塑造自己的外貌，使它有魅力是件有趣的事。

女孩子应该因为好的学习成绩、比赛表现出色或帮助干家务而受到表扬。“富养女孩”，要帮助女儿将注意力转移到其他方面，让她将精力投入到不同的活动中。如果她尽力去做某件事而没有成功，我们也要表扬她的努力。

第二，父母应当敢于坚持自己认为应当坚持的原则。当看到女儿正向不健康的方向发展时，站出来指出这种行为的不恰当之处是必要的，尊重女儿并不等于任其发展，应当有适当的限度。

第三，告诉女儿相信自己，而不去追求别人的评价。

常识告诉我们，对自己的外貌感到满足的女性，自信要高于那些试图以相貌取悦他人的女性。父母要把这一点传达给自己的女儿，漂亮的女性不一定有什么自信，因为她们可能没有值得自信的其他资本。

拜其美丽的容貌所赐，美女通常听到过多的赞美，因而最为关注自己的容貌，为了要赢得别人的注意和赞同，就要注意修饰自己的外表，如此使她对外貌过于敏感。然而“山外有山”，在外貌上与人比较、竞争，是令人胆战心惊、无休无止的折磨。“富养女孩”，就不要让孩子陷入这样的漩涡，让孩子学会更多地关注自身。

能够培养女儿以这样的态度来看待别人的美，是对她的祝福，也是一种富养精神。在女儿对美的探索过程中，父母的角色不仅仅是引导，必要时还应予以“干涉”，制定适当的“规矩”。如果父母能够帮助女儿强化她的全面完整的个人意识，她可能仍然关心自己的相貌，但再也不会像以前那般迷恋了。

在女儿的成长过程中，对女儿表示鼓励是很重要的，她对自己感觉越好，面对同龄人的压力，和世俗对女性美的要求所带来的压力，就越能泰然处之。

气质美来源于文明礼仪

富养真经
FU YANG ZHEN JING >>>

在一个丰富多彩的社会里，每一个人的生活与个性应当是富有格调的，一个富有格调的女孩子总是有气质的，“富养女孩”，就要让女孩在多样的竞争中始终不失本色，傲立群芳，而气质美的最直接方式就是文明礼仪的培养，这一堂课父母一定不能忘。

对于一个女孩子来说，美好的气质不仅仅是指相貌美、形体美、衣饰美，还应包括语言美、行为美。所谓呵气如兰，燕语莺声，行动坐卧都透出一种特别的韵味。而这同样需要父母的帮助与培养。

美兰是一个不怎么喜欢穿衣打扮的女孩子，她留着短短的板寸，混迹于男孩子中间，甚至还时不时地冒出那么一句“粗话”。她并不觉得这有什么不好，因为母亲也不喜欢打扮，她从来没有为美兰的服装操过心，只要能穿上身就可以了，倒不是她没有能力给美兰买漂亮的衣服，只是她总认为一个女孩子太过于专注服饰，就容易虚浮。

可是，16 岁以后，一个男孩子的一句话让美兰一下子变得沉默寡言起来。那天，美兰一如既往地和男孩子们嬉笑怒骂，她甚至抡起拳头打了一个男生一下，那个男生生气地指责：“你怎么一点儿女生的样子都没有，男不男女不女的！”

美兰一下子犹如跌入了冰窖之中。

也许，美兰是可爱的，也许，美兰是开朗的，可是，随着年龄的增长，如果一个女孩子仍然不能“沉淀”下来，仍然是一副肆无忌惮的样子，那么她可能会受到来自多方的批评，不但要影响她的人际交往，很可能会对她的婚恋生活也产生极坏的影响。因此，“富养女孩”，就要教给女儿一些必要的文明礼仪。

不使女儿过分注重自己的相貌，不等于不让她打扮，不培养她对美的趣味与鉴赏能力。看到女儿在镜子前消磨时间，为衣服用心，父母且不要着急。我们应当鼓励女儿设计自己，从外表到内心，建立自我感觉，这也是自信的一部分。

那么，都要培养孩子的那些礼仪习惯呢？有关个人礼仪的内容包括几个主要方面：仪容仪表、仪态举止、谈吐、着装。

第一，仪容仪表方面。容貌干净整洁是最简单的要求，另外就要有饱满的精神气质，一个再美的女子，整日萎靡不振也难以给人好的形象。“身如柳，脸如峰，肤如玉，指如葱”。这是所有女性的追求和向往，富养女孩，也要让女儿在健康和优美的身姿中，不断塑造自己的魅力，展现自己独有的气质美。

在穿衣打扮上，问题不在于女儿穿的如何，而是她为何这样选择。

一个有自我意识的女孩子很自然地会关注自己的仪容仪表，特别是对于服饰，她们常有自己的看法，而在这一点上，往往与自己的父母尤其是母亲会产生冲突，比如，她们可能会有怪异的服饰爱好，而这种爱好每天都在变，因为每天她都想做不同的人。做母亲的可能想告诉她，她的装饰过多，化妆太浓，但是如果她是为设计自己这样做的，就不要扫她的兴，因为她是在尝试不同的形象，而非纯粹取悦他人。

粼粼湖波也在近旁欢跳，
却不如这水仙舞得轻俏；
诗人遇见这快乐的旅伴，
又怎能不感到欢欣雀跃；
我久久凝视——却未领悟，
这景象所给我的精神至宝。

——华兹华斯《咏水仙》

那么该怎么办呢？最好的技巧就是不关注，应当尽量使自己的反应平淡一些，通过自己对孩子精神方面的关注，让孩子自己将注意力也转移到精神方面。例如可以对她讲：“今天天气这样好，穿些鲜艳的衣服，人会觉得很精神。”

第二，仪态举止方面。主要对站、坐、行以及神态、动作提出要求，古人对人体姿态曾有形象的概括：“站如松，行如风，坐如钟，卧如弓。”“富养女孩”，在这方面一定不要吝啬自己的时间和精力。

一个女孩子优美的站立姿态给人以窈窕挺拔、精神饱满的感觉。站立时身体直立、挺胸收腹、脚尖稍向外呈 V 字形，最忌讳的是无精打采、缩脖、耸肩、塌腰；正式场合不能双手叉腰或将双臂环抱于胸前；坐姿要求端正挺直而不死板僵硬，不能半躺半坐，两腿间距与肩同宽，不能叉开，双手自然放在膝或扶手上，大方得体；走路要求挺胸抬头，肩臂自然摆动，步速适中，忌讳八字脚，摇摇晃晃，或者扭捏碎步；表情神态要求表现出对人的尊重、理解和善意，面带自然微笑，忌讳随便剔牙、掏耳、挖鼻、搔痒、抠脚等不良动作习惯。

第三，谈吐方面。女人带给别人美丽、高雅的好印象，其实并不完全取决于长相，一种甜美迷人的声音，一双熠熠生辉的眼睛，一张灿烂可亲的笑脸，都是迷人的焦点。让女儿拥有了这一切，她的美丽、气质便会迎面而来。

要求态度诚恳、亲切，使用文明用语，简洁得体，不能沉默无言，也不能自己喋喋不休，要认真倾听对方讲话；交谈时忌讳东张西望、翻看其他东西。交谈的人如果多的话，不可只跟一人谈话而冷落其他的人。

第四，社交。高雅气质是现代女性开启社交之门的成功钥匙。在广泛的社会交际中，如果我们的女儿有很好的气质和风度，那么她就能成为社交中的“亮点”，成为一个受欢迎的人。当然这需要父母的逐步培养，在平时的待客与做客时，把这一礼仪传授给女儿。

家中来客人，要事先有所准备，把房间收拾整洁。如果女儿已经是中小学生，那么就应该让她学会以主人身份招待客人。迎接客人进屋，帮助客人放衣物，请客人在合适的位置落座；问客人喝什么饮料，主动送上，要双手呈、接物品；要主动、大方地与客人交谈；客人要走时应礼貌道别，说“再见”、“欢迎您再来”。

做客时也是如此，仪表整洁，谈吐文明，并懂得基本的用餐礼仪，比如：不能抢先入座，不能先动食品；要请长辈先坐下，长辈动筷后再动筷子，用餐时双肘不能放在桌子上；饭后，略陪大家一会儿，或者说“我用好了，请慢慢用”，然后再离座去别的房间休息；告别时，要说感谢的话或发出邀请，如“今天真高兴”、“欢迎到我家去”。

培养女儿的文明礼仪，首先家长要提高自己的礼仪意识，如果自身不重视礼仪，就无法教育培养孩子。礼仪就体现在生活之中，只要家长重视，以身作则，随时说明要求，让孩子按要求去做，发现孩子有不讲文明礼仪的行为，及时指出让其改正，这样就能逐步培养出一个具有优雅气质的小公主来。

培养女孩镇定自若的气质

富养真经
FU YANG ZHEN JING >>>

女孩子的镇定自若是难得的一种气质，那会让她更富有特色，因此，“富养女孩”就要在这方面下功夫，首先要去除小女儿的羞怯，让孩子变得坚强，同时，能够让孩子经历各种事情，所谓“经一事长一智”，循序渐进，孩子自然就拥有这种独特的气质了。

虽然人们对男人的最好评价就是临危不惧、处变不惊，但是镇

定自若同样是一个女人不可缺少的气质，对于女儿来说，这样的赐予，是她最宝贵的财富。因此，富养女孩，就要积极培养孩子镇定自若的气质。

所谓镇定自若，就是在顺境中，不狂妄自大、盛气凌人；在逆境中，不惶恐气馁、垂头沮丧；在安逸环境中，不奢侈放纵、盲目攀比；在危急情况下，不惊怕恐惧、慌慌张张。古人说：心中有惊人想法或消息而不在脸上表现出来的人，可以任命做上将军。同样，一个女孩子如果能在交际场合保持镇定自若的态度，那么，她一定备受关注。

当然，做到这一点对于一个男性都很难，对于一个娇弱的女孩子更是难上加难。所谓难，并不是达不到，只要父母肯下功夫，培养女儿这样的气质还是有路可走的。

首先，要培养孩子坚强的性格。

赖斯是一位举世瞩目的女政治家，在传统上由男性主宰的领域里，她是一位升迁到最高层的黑人女性。赖斯是一位镇定自若、优雅迷人、极度忠诚、虔信宗教的女性，她有着不平凡的人生经历，做过学者、教授、教务长和外交政策顾问。她走过亚拉巴马州的伯明翰、科罗拉多州的丹佛、加利福尼亚州的帕罗·阿尔托，最后在47岁时进入白宫。作为一位政坛上的女强人，她杰出的从政之路对任何一个国家和阶层的女性都是一种激励。而赖斯父母对她的教育也值得天下父母们借鉴。

1954年11月14日，赖斯出生在美国亚拉巴马州的伯明翰。她的父母分别来自赖斯家族和雷家族，其祖先都是奴隶的后代，可想而知，他们曾经受过怎样的待遇。但是这个家族到赖斯出生时，已有了比较高的社会地位。赖斯的父亲在取得神学硕士学位后，接管了由赖斯祖父创立的教堂，后来还担任了丹佛大学副校长。

也许是因为有这样的历史，赖斯家相信一条严酷的真理：只有当孩子们作出的努力比白人孩子高两倍，他们才能相同的成果；高出三倍，才能超越对方。而这也正是父母教给小赖斯的第一堂课。

尽管有这样的社会地位，但是身为黑人女孩，赖斯同样面临着种族歧视的伤害。她几乎每天都要面对种族歧视的恐惧，而父母不得不在这方面给予她更多的指导和保护，这使得赖斯很早就学会必须提防白皮肤的人。谈到童年时受到种族歧视的经历，赖斯说自己的母亲是她的“有力捍卫者”。她的母亲是个勇于反抗的人，同时也是一个镇定自若的人。她不卑不亢，极力维护自己的尊严，同时，又保护了黑人的形象。母亲是赖斯心目中的英雄，也是她的榜样，赖斯的成长过程中充满了艰辛，但是她表现得很坚强，很积极。

正是这些与众不同的经历，锻炼了赖斯镇定自若的气质，她后来从成为钢琴家的梦中醒来，与政坛结缘，期间又经历了各种坎坷，而每次她都应付自如，这不能不说得益于父母对她的教育。

经历了挫折和磨难的孩子，总会比别人更理解这个世界，她们能理解变化，能够应付变化，而且在变化的世界中能够不断前进，寻找属于自己的位置，这是赖斯成功的原因之一。

其次，就是开阔孩子的眼界。一个见过大世面的人总不会显得太小气，她们没有斤斤计较的小市民心态，凡事都能够从宽处、大处着眼，自然能够顺势时不骄，逆势时不馁。这在前面我们已经说了，这里所提醒父母的是，当你的女儿经历了各种各样的事情，有了一定的处事经验，自然也就拥有了处理突发事件的能力。

> 为什么要别人承认我
>
> 只要路没有错
>
> 名利从来是鲜花
>
> 也是枷锁
>
> ——汪国真《但是，我更乐意》

因此，“富养女孩”，一定不能把她放在蜜罐里，而要把她放进各种熔炉中进行历练，如同孙悟空经历了太上老君的八卦炉之后有了火眼金睛一样，当我们的女儿经历了各种各样的摔打，她自然就能够拥有镇定自若的气质。

日本教育家涛川荣太说：“我们应该教育孩子，要有勇气去积极而冷静地面对挫折。一个人如果能够认识到‘只有在挫折与困苦当中才能得到锻炼’，那么他是非常坚强的，即使摔倒了，也不是随随便便爬起来就算了。有这种生活态度的孩子是永远不会‘自我崩溃’的。”

“富养女孩”，绝不意味着让孩子生活在富足的物质条件之中，生活在顺心随意之中，要知道温室里的鲜花最怕风雨的袭击，然而人生处处有风雷，没有一种抗摔打的能力，很难走出精彩的人生。只要给孩子更多的空间，让她自己去经历，去体会，去总结，那就是最富有效果的教导方式。

不能埋没孩子活泼的天性

富养真经
FU YANG ZHEN JING >>>

孩子生来是活泼的，我们不能为了孩子将来成才，就要孩子接受自己的安排，做各种各样的事情，这样美其名曰为了孩子，不如说是为了自己，因为孩子在不自由的氛围中很难有智能的增长，只会显得呆滞木讷，这绝不是“富养女孩”的目的。

“不能让孩子在起跑的地方就输掉”，这种紧迫的教育意识使得很多家长不停地为自己的孩子安排各种培训班，企图让孩子掌握各种技能，备战竞争激烈的未来。这样的做法似乎无可厚非，但是，所有的家长都忽略了一点，那就是埋没了孩子活泼的天性。

有多少孩子小小年纪就带上了厚厚的眼镜？有多少孩子在童年就失去了笑脸？又有多少孩子甚至没有了童年？“富养女孩”，一定要让孩子玩够，体会到充足的快乐，让她快乐地没有压力地成长，让她活泼的天性永久地保持下去。真正能够挖掘出孩子潜力的，是在她玩得非常开心的时候。

3岁的小蝶影格外活泼好动。周末，妈妈王佳带她到公园去玩。妈妈在前面走着，一边轻声和女儿交谈着，可是一回头却发现小家伙儿不见了，王佳急忙四处寻找，发现在不远处的草地上，蝶影正趴在地上，专注地玩什么东西。

王佳悬着的一颗心落了下来，她悄悄地走到蝶影背后，发现小家伙正专心致志地用一只草棍拨弄着一只小蚂蚁，翻来覆去，仔细观察蚂蚁的每个动作。“蝶影，你在干什么？”妈妈问。“妈妈，我正玩小蚂蚁。”小蝶影连头也没回，王佳受到了启发，这是孩子好奇心的表现。

回家后，王佳给小蝶影买了一个会拍翅膀、会鸣叫的小鸟。小家伙儿高兴极了，爱不释手，她专心致志地观察小鸟的各种动作。第二天，当王佳下班回家，却发现女儿正动手拆玩具鸟，桌子上已经有了几个小零件。见妈妈来了，小蝶影显得有些害怕。王佳故意板着脸问：“你怎么把玩具给拆开了？”蝶影怯生生地说：“我只是想看看它肚子里有什么，为啥会拍翅膀、会叫。”

王佳很高兴，她相信：会玩的孩子才能会学，她必须抓住这个时机，培养孩子的智力。于是，她鼓励女儿说：“宝贝，你做的对，应该知道它为啥会拍翅膀。”听了妈妈的鼓励，蝶影高兴极了。不一会儿就把玩具鸟给拆开了，并对里面的结构观察起来。

每一个活泼好动的孩子，总是具有敏锐的观察力、想象力和思考力，而这些是成才的关键。对于一个女孩子来说，活泼一点，说笑玩闹中自有一种别样的风采，人生不能如死水微澜，像鲜花一样

的女孩子，不能培养成一个死板的淑女，这不是富养的真谛。

大多数家长开发孩子的智力往往只注重孩子认知能力的发展，却忽视了情感因素在开发智力中的巨大作用。像上面例子中提到的蝶影的好奇心与活泼的天性，就是她情感因素的重要方面。

孩子是活泼好动的，她们就是要有事可做，至于做的是什么她们是无所谓的，跳舞和跳房子对她们来说是一样的。因此，作为父母，不能急于开发孩子的智力，而忽略了孩子的情感因素，那样的话，女孩子的气质也会受到很大程度的影响。

现代心理研究表明，人的大脑可以分为情感脑和理智脑。理智脑，是我们清醒的意识层面的认知模式，可以明确地思索、考虑、反省；还有一套认识体系，那就是情感脑，有时可能不符合逻辑，表现出冲动性，带有很大的情绪性。

任何一个人都要受情感脑与理智脑的同时作用，也就是说，在大脑系统中，情感脑和理智脑既相互联系，又各有其功能，共同决定人的行为方式。因此，我们在开发女儿的理智脑，促进智力发展的同时，一定要充分认识到情感脑的重要作用，尤其是不能埋没孩子的活泼天性。

若耶溪傍采莲女，
笑隔荷花共人语。
日照新妆水底明，
风飘香袂空中举。
——李白《采莲曲》

可以说，女孩子的成长过程就是学习她应该学的事情，在这个过程中，唯一而巨大的阻碍就是：父母命令她去做这做那，把学习当做任务要她去完成，甚至为此去羞辱、责骂，让她战战兢兢地去做。富养孩子，就不能让孩子受到这样的待遇。这样做的结果很可能是既让孩子对学习感到厌倦，同时还毁掉了女孩子应有的气质，使她变得木呆呆、混混沌沌、行动迟缓。

我们不能太侵犯女孩子所极端看重的、与生俱有的自由。她们对于日常所玩的游戏之所以会真正爱好，全是因为她们在游戏中感到自由自在。一旦感觉不到自在了，一会儿工夫她们就丢下这件事，去做别的事去了，即使被迫还在做这样的事，也是心不在焉。

其实，女孩子们上进心通常要强于男孩子，那些能让她们尊重的人作出的榜样对她们非常具有吸引力。假如她们看见别人做事的方式能对她们透露出那是年龄较大、地位比她们高的成人的特权，那么她们的野心以及想和那些在她们之上的人并驾齐驱的愿望就足以促使她们去愉快地努力求上进了。父母们应该根据这一特点，针对她们的特性，利用她们的欲望所发动的快乐，这样，她们得到了自己最喜欢的自由，这对于她们就是一个不小的鼓励，同时还保留了孩子的活泼天性，维护了孩子的情感。

我们一定不要用烦琐而不必要的命令使儿童的习惯固定化，把孩子造就成一台只会听话却不懂思考的机器，让一个原本活泼的小公主长成一个木呆呆的榆木淑女，这才是教育应遵循的最高原则，也是“富养女孩”的精髓之一。

训练女孩子的决断力

富养真经
FU YANG ZHEN JING >>>

没有决断力是当今女孩子的一大弱点，“富养女孩”，就要把这一弱点彻底根除，我们要让女儿从小就对各种事情有自己的看法，不能凡事都听大人的摆布。当然这种看法也不能太主观，否则只能让孩子走上另一个极端——任性。总之，“富养女孩”，就要培养女儿对所有的事作出正确有效的判断。

“富养女孩”，还要培养孩子的决断力，没有决断力，优柔寡断、犹豫不决，那么她就很难抓住人生的好机会，即使她具有很好的条件，也总是处处落败。

一个生来爱跳舞的美国小姑娘，她的家庭非常贫困，但母亲发现了她的舞蹈天赋，就筹了一笔费用，送她去正规的舞蹈学校上学，试图让她找到自己的成功之路。

然而，小姑娘刚学了3次就不肯去学校了。妈妈很是奇怪，就问她原因，她非常认真地说那种脚尖上的舞蹈非常不好看，那让她的身体极不舒服。母亲立刻发觉女儿对舞蹈具有非常强的判断力。但是，小姑娘的看法是否正确，这是不是她懒惰的借口呢？要知道，这花去了她一笔不小的生活费，于是她认真地看着女儿。

看到母亲没有同意，小姑娘就不敢说下去了，她不是不知道母亲为自己付出的心血，她想了一下，还是低声说：“妈妈，这种舞蹈有悖于自然，根本不是我想要的舞蹈。”说完就低下头，准备接受妈妈的批评。

没想到，母亲听了小姑娘的解释，不但没有批评她，反而非常赞赏她，她说："妈妈没有说话，就是要让你自己进行判断，既然你看得如此清楚，那么，我决定尊重你的意愿。还有，如果你认为只有自己的舞蹈才能真正体现自己，那么就勇敢地跳下去吧。孩子，自由地表现艺术的真理，也是生活的真理。"

得到了母亲的积极支持，小姑娘便开始勇敢地追求自己的艺术。她用自由飘逸、浪漫不拘、充满生命力和灵魂的舞姿，突破了古典舞蹈的刻板教条，重新激发了观众对舞蹈的激情与热爱，从而创立了与古典芭蕾相对立的现代舞派。她就是被称为"世界现代舞之母"的伊莎多拉·邓肯。

教育的确是要教给孩子一些规范，但绝不是要孩子完全按部就班，这样的孩子只能成为父母手中控制的机器，永远没有自己的思想，也没有一种决断力。决断力之所以被本书选为一种应该具备的气质，是因为它是一种清醒的意识，它具有一种突破的魅力，它能够防止女孩子落入陷阱，它能够让女孩子显得更干练。

父母如何培养和训练女儿的决断力呢？

首先，我们来了解一下什么是决断力？所谓决断力就是能够当机立断，但是这种决断必须是果断，而不是武断。与决断力相对立的是攻击性和被动性。

所谓攻击性就是具有武断的倾向，如果孩子完全没有一个综合的分析过程，并无法给出合理的理由，那么，她的决定很可能具有攻击性，外在的表现就是任性、蛮横，而在孩子长大之后，很可能成长为一个刁蛮而又莽撞的女性。

所谓被动性当然就是逆来顺受，父母要做什么就做什么，完全没有自己的主张，这当然也不是我们教育的最终目的，因此，这两种都需要避免。

其次，培养孩子的决断力，需要父母把教育落实到生活细节中，不妨随时随地考问女儿，要求她对事情作出反应，这是最有效的训练方法；也可以对假设的生活情景进行三人讨论，并选择最佳方案。

比如：妈妈让孩子多穿一些衣服，因为今天稍稍有些冷。

孩子这样回答：“讨厌，你总让我多穿一些，真麻烦。”

有的孩子回答：“妈妈，我不觉得今天冷，而且我们今天要有很多活动，所以，不打算多穿衣服。”

还有的孩子什么都不说，带上衣服。

对于这样的场景，每个家庭都不少见，而孩子们的第一种回答可能更多，但是客观地说，这种做法就具有攻击性，是一种任性的表现。而第三种方法又太依顺，如果凡事如此，那么，孩子很容易丧失判断力。只有第二种回答是正确的决断力，因为她给出了一个很好的理由，这个理由让人相信她的判断具有一定的道理。

> 头上倭堕髻，耳中明月珠。
>
> 缃绮为下裙，紫绮为上襦。
>
> 使君谢罗敷：“宁可共载不？”
>
> 罗敷前致词：“使君一何愚！
>
> 使君自有妇，罗敷自有夫。”
>
> ——汉乐府《陌上桑》

其实随着女儿一天天长大，她逐渐有了清醒的自我意识，需要她作出判断的事情很多，父母只要在旁边加以指导，让她不偏不倚，她就能有很好的决断力。

这里为父母提供了一些最常见的场景练习，可供参考。父母可以和女儿在一起利用这些场景做游戏，让女儿自己作出判断。

1. 如果女儿最好的朋友想借她从未穿过的滑冰鞋。

2. 爸爸想要女儿帮他擦车，可是她明天有一个重要的考试。

3. 老师让女儿留下来帮助辅导另一个学生，但是她已同好友安排了要去做另外的事情。

4. 班上有位与女儿关系不错的女孩子想抄她的作业，因为那个孩子没有时间完成。

5. 母亲想要女儿穿她买的衣服，但是女儿不太喜欢那个图案。

6. 孩子最好的朋友想和她一块儿去看电影，并想要带另一个人同去，而女儿有些不情愿，此时问女儿该怎么办。

7. 爸爸的战友与他5岁的女儿要来家里吃晚饭，这个孩子很讨厌，女儿不愿和他坐在一起。这时候该怎么办？

培养女儿的决断力，一方面要培养女儿勇于反对自己不认可的事情；另一方面也应鼓励她能接受好的建议。这样，她的判断力才会不偏不倚、恰到好处。另外，父母如何接受别人的不同意见，也会深刻地影响女儿的行为。

在家庭中进行政治讨论或其他有争议的问题的讨论，并使之成为一种习惯。在讨论中，让女儿形成自己的见解，并学会判断。

当女儿坚持自己的做法时，父母可以继续追问：“你怎样继续按照自己的方式做事情？以一种不给你带来很多麻烦的方式？”一定要保证孩子以一种积极的态度，用自己的方式做事情。对于女儿来说，她也希望自己可以做得更好，而不是给别人带来麻烦，更不是被泼一盆冷水。

当然，因为孩子的年龄还小，她的判断总是会出现差错，这时候父母不要急于纠正，有些判断要让孩子自己去亲身验证，那样的印象要强于她接受你的意见。

最后，指导女儿去注意一些社会性问题，例如就业问题、性别歧视等，鼓励她对不平等的、不合理的现象提出意见或采取行动，这对提高女儿的自信和决断力十分有效。不要认为孩子很小，对一些事情很难有成型的看法，恰恰相反，只要你让她说，她就会说得头头是道。

例如，如果女儿对社会上某些歧视女性的现象表示出不满时，

我们要积极鼓励她给报纸、杂志的编辑写信，说出自己的意见，或参加有关的电视对话节目发表意见，甚至可以组织小团体进行有系统的宣传、鼓动。

虽然我们无意于培养一个社会女骑士，但是在女孩子头脑中，一定要建立一个概念，即她有权利追求自己的理想，有能力去付诸实践。这样，她才不会成为一个只会依赖他人的弱女子。

杜绝女孩的小家子气

富养真经
FU YANG ZHEN JING >>>

一个过于羞怯的女孩，必然无法适应这个竞争激烈的社会，因此，“富养女孩”提倡让女孩大方、开朗，能在各种场合积极地展现自己的能力。

我们一直在强调：所谓“富养女孩”，并不是让孩子变成大小姐，而是培养一种高尚的气质、个性，成为一个有教养、有见识的人。富养更多的是一种大家气度，不要小家子气，不要让女儿庸俗化，只看重钱的所谓大小姐也是很庸俗的。

所谓小家子气就是人的行为举止不大方，孩子的第一个不大方的表现就是羞怯，因此，杜绝孩子的小家子气，会让女孩子摆脱羞怯的困扰。

害羞的孩子大多逃避社交场合，不愿意主动与人相交。害羞会阻碍孩子交朋友、有碍学习和自尊心的形成，也降低了心理适应的能力。害羞的孩子通常会神经过敏、疑惑不安、孤单、沮丧及难交朋友。

现在是一个开放的社会，也是一个竞争激烈的社会，相比于羞答答的样子，一个大气的女子更能适应不断变化的环境。在一个强手如云的市场中，做一只待宰的羔羊并不是一件光荣的事，同时也令人痛苦。因此，“富养女孩”，就要让她们摆脱羞怯。

在一些心理学家和教育家收到的来信或接待的来访中，经常有一群为了自己的孩子无法摆脱害羞心理而苦恼的家长，下面就是一位心理学家收到的来信。信中这样写道：

我女儿今年5岁了，她很喜欢看书，幼儿园的老师反映她十分聪明，一学就会。可是，女儿也有一个缺点让我烦恼不已，那就是她不够大方，她从来不敢主动表现自己。比如老师让她上台领操，她摇头不肯，而这是很多小朋友争着做的事。再如她的故事讲得很好，我让她给外公外婆讲个故事，她也不干，即使讲了也是有头无尾。问她为什么这样，她回答说：“不好意思。”怎样才能让她尽快地克服这些缺点呢？

显然这位家长很着急，但是越是这样，越容易陷入一个误区，那就是因为急于改变孩子的这种性格而逼迫孩子，使孩子越发胆怯。那么，到底应该怎样做呢？

从心理学角度看，羞怯是一种情绪，是内心深处的胆怯或自卑的一种外在表现形式。每一个人在其一生中可能都有过羞怯的经历，只不过时间长短不同而已。大多数人成人后就不再有羞怯心理，但是仍有一些成年人还摆脱不了羞怯，以致形成社交恐惧症。这就形成了一种心理疾病。

造成羞怯的主要原因就是不自信，没法肯定自己，这种不自信在女孩子身上表现得尤其强烈。因为女孩比较敏感，有的女孩子因体弱多病或有某种遭遇和创伤，在生活中心理曾受到过某种刺激，如受人欺负、被人打骂，甚至棍棒交加、被人奚落耻笑等使她自尊心受损，都可能使其变得畏畏缩缩，易于羞怯。再者夫妻经常在孩子面前吵骂，甚至离异，会使孩子缺乏温暖、依靠、交流和亲情的

爱抚，孩子从小就觉得不如别人，有低人一等的感觉，必然会形成羞怯自卑的心理。

也正因此，如果孩子表现得很羞怯，父母们又不停地强调让孩子大方起来，她就会觉得自己在这方面存在缺陷，反而强化了孩子的羞怯心理，让她更加不自信。

> 我从眼睛里
>
> 读懂了你
>
> 你从话语里
>
> 弄清了我
>
> 含蓄是一种性格
>
> 豪放是一种美德
>
> ——汪国真《豪放是一种美德》

作为家长，应进行自我反省，自己的女儿是否只是比较含蓄，而不是拘谨？有没有毫无条件地爱自己的她们？自己是否提供给了女儿足够的安全感？是否给她机会表达自己的感受？或者是否滥用权力，过度严厉？因为严厉之中会忽略了情感与关怀。孩子过分依赖的成因是忽视和粗暴。不重视情感、粗心大意、不负责任与拒绝，都会造成孩子的依赖行为。依赖的行为很多时候与羞怯有关。

还有一点，据有关资料表明，有羞怯行为的孩子，有时其父母本身也存在着不同程度的羞怯情绪，孩子受到了父母的感染。父母们的行为是孩子行为的指导，改变女儿的拘谨，首先就要改掉大人的拘谨。

为了保护自己容易受伤的心灵，羞怯的孩子往往采用一种消极退缩的方式。但孩子一旦产生心理上的长期恐惧，就会形成社交恐惧症，把别人负面的评价看得比什么都重，无法适应社会，到了这种程度的羞怯，就已经很难改正。因此，“富养女孩”，就要提早为害羞的孩子把脉。

下面就是一些可以帮助孩子克服羞怯的有效方法，父母不妨试一试：

设置一个场景，如：几个同学商定课后去吃烤肉。你的女儿很想去，可与几个孩子又不十分亲密，结果她没去，心里又很不舒服。

与女儿共同列出三四种常常使她感到羞怯的情形，如在班里发言，与男同学讲话、坐下来共同研究问题等等。

列出一张“克服羞怯”的训练表，注意不要让孩子冒太大的风险。例如：向警察问路；课后向老师请教问题；赞美别人穿的新衣服。

如果女儿的害羞表现出一种畏人症，那么应如何消除孩子对人的恐惧呢？

1. 建立孩子对别人的信任

这种信任首先要由父母传递出来，也就是说，父母应该信任自己的女儿，可能她的有些话语显得很怪异，但是一定要读懂她的心思，尽量信任她，她愈被信任，就愈能信任别人。信任是亲近的基础，如果孩子无法从父母那里学得信任，她也很难真正信任别人，这也是羞怯的成因。

2. 锻炼孩子多与人交往

很多孩子害羞是因为从小没有社交机会，作为父母，就应当带孩子走出去。带孩子交际的场合很多，比如领孩子到亲友家中，让她们有机会接触人，主要是让她们学习如何与别人交往。当然，对于一个害羞的孩子来说，要有一个循序渐进的过程，起初适合在比较安全的环境锻炼她，此外，多让孩子经历被别人接纳的经验，这有助于她们树立自信，在社交上继续进步。

3. 最重要的是要教会孩子自信

在特别爱害羞的女儿说话时，父母要注意用轻松的语气对孩子说，同时还要采取鼓励和赞赏的方式。父母要多鼓励，让孩子得到肯定和表扬，对胆怯的孩子更是如此。孩子本身就感到自卑，缺乏勇气，在做某件事之前，预见的结果总是自己不行。如果这时给她一些鼓励，增加她的勇气，她会把事情办得很好。

另外就是赞赏，如果女儿有那么一两次表现得很大方，例如领操、给别人讲故事等，可以得到一枚她喜欢的贴纸或其他的孩子喜欢的东西。等她有了一定数量的贴纸后，就可以带她去游乐场玩或从事孩子喜欢的活动。一段时间以后，如果孩子的大方行为已经得到巩固，可以取消奖励贴纸的方法，而只给予口头表扬。孩子做事没恒心也可以用同样的方法予以纠正。

“你太杰出了”“你很伟大”这样的赞美之词，是西方的家长常常使用的词汇，他们经常鼓励孩子，因此，西方的孩子大多数都表现得比我国的孩子自信自主；而中国的家长则感到这些词语可能有些“夸张”。西方的家长认为自己的孩子不会是样样第一，但总有优秀的地方；而中国家长们教育孩子时，似乎总在刻意追求十全十美的境界，其结果却常常事与愿违。

总之，对于一个正在成长中的孩子来说，平等、理解、温馨的家庭环境能给人勇气和自信，容易克服羞怯心理，让女儿逐渐变得自然大方、含蓄而不拘谨，矜持而不小气。爱女儿，别忘了鼓励孩子。

培养善交际的“万人迷”

富养真经
FU YANG ZHEN JING >>>

一个不善交际的女孩子总会落寞与孤寂，在竞争激烈的社会甚至很难适应，因此，“富养女孩”，就一定要让孩子过了交际这一关，学会交际不光要会说会听，还要学会各种交往技巧，比如，愉快、真诚和助人，这都是“富养女孩”的内容。

女孩子的交际能力是“富养”的一项重要内容，小而言之，这涉及她的朋友交往，大而言之，关涉到她未来的一切发展，不善交际的女孩子在这个社会上总是会处于劣势之中，这是所有家长公认的。

女孩子的语言能力本就优于男孩子，她们既“能听”又“善说”。所谓能听，就是能够迅速捕捉“弦外之音”，所谓善说，女性经常被认为是喋喋不休的。所以自古就有“三个女人一台戏”的戏称。一个拥有良好的语言能力的孩子通常交际能力也很强。而女孩子的确具有不一般的人际能力。作为父母，要依顺孩子的这一特性，培养出一个善交际的“万人迷”。

人际交往对于女孩子来说，要比男孩子重要得多，这是由女孩子倾向于关系式生活的特性决定的，大多数女孩，只有生活在人群中，才能拥有安全感，通过别人的赞赏和肯定，来找到自己的社会价值。

但是，一般来说，女孩子的人际智慧并非在出生后就已经很完

善，还有一些女孩子天生内向，不愿意与人交往，这些就需要父母进行后天的培养。只有让女孩子发挥其得天独厚的人际能力，在未来的社会生活中，她才能够如鱼得水。

有很多孩子在家一个样，在幼儿园、学校一个样，这就是孩子不善于交际的主要表现，由于家里都是关心她让着她的大人，而在幼儿园、学校里，都是同龄的小朋友或同学，她们只依靠人际关系来解决彼此的问题，如果女儿没有一定的处理人际关系的能力，那么就会表现为在家在校不一样。

“你在幼儿园说话要大声些。”妈妈对灵灵说。“是大声的嘛。”灵灵有些不满意地嘟囔着，为了掩饰自己的窘相，她啊啊地怪叫着。“撒谎，老师都告诉我了。”妈妈显然很苦恼，她不明白，在家里声音洪亮的孩子，到了幼儿园怎么就成了“小绵羊”？

灵灵心里也非常难过，过了许久，她才说：“我想大声讲话，可怎么也说不出来。也想玩个痛快，可就是不行。”

这样的问题似乎不在少数，很多家长都有这样的烦恼，孩子在幼儿园在学校表现得非常软弱，可是一回到家，说话的声音大了，身体也运转自如了，成了一个十足的小霸王。为什么在幼儿园和在家有这么大的不同呢？

专家分析说：这是因为孩子对集体生活的心理压力太敏感，有一种压抑感。而这样的现象主要还是由孩子不善于交际引起的。对于那些自小就跟小朋友们玩的孩子，对于那些经常随家长出去交际的孩子，一般不会存在这样的现象，解决这个问题，父母还得从培养孩子的交际能力开始。

伐木丁丁。鸟鸣嘤嘤。
出自幽谷，迁于乔木。
嘤其鸣矣，求其友声。
相彼鸟矣，犹求友声；
矧伊人矣，不求友声？
神之听之，终和且平。
——《诗经·伐木》

不管女儿的个性是哪一种，内向还是外向，无论她是天生容易交朋友，或是具有侵略性，或胆小懦弱，有一些一般的原则可以帮助孩子交朋友。

首先，家长要克服一些不正确的认识。

第一种错误认识就是“能说会道不算本事”。对于女孩子来说，与心灵手巧一样，能说会道只会让人显得虚浮，这是一些家长的看法。但这是一种错误的认识。有人对21世纪的人才定了这样几个标准：能言善辩；通文墨；眼观六路，耳听八方；能即兴抒发感情。这四个标准中竟有首尾两个标准涉及“说”，可见“说”在未来社会中的重要性。

第二种错误认识就是“交际能力是天生的”，这种认识所带来的结果就是非常不重视孩子交际能力的培养。其实，交际作为一种能力，是后天培养逐步形成的，培养的方法主要还是通过实践，因此孩子的交际能力不强，父母具有一定的责任。

第三种错误认识就是认为交际要影响孩子的学习。这更是大错特错的，很多学习都是通过交往发生的，如果没有交往，那么只通过课本的学习又有多少意义。当然，这里所说的交往是适当而正确的交往，因为与不良者交往确实会影响学习。关于这一点，父母的主要责任就是帮助孩子接近那些与她们志同道合的和优秀的孩子，

这样做不但不会影响学习，反而有助于促进学习，有助于智力激活。

其次，交际是一种思想、观点和感情的碰撞，因此需要一定的技巧，否则就会在碰撞中触礁，有几点交往要素一定要告诉给女儿。

1. 一定要表现出愉快的心情，没有一个人会喜欢整日嘟着脸的朋友。在友情的培植上，愉快之态度的功效就好像是在说:“我喜欢你!”一个愉快的人有时候甚至不用说什么，就可向对方传达出这个信息。因此，一个愉快的人很容易交朋友。

2. 乐于助人与诚实。这一点很重要，乐于助人能赢得人作你的朋友，因此说赢得友谊的一个办法是在需要帮助时帮他。

一个虚伪的女孩子可能会交到很多的朋友，但是真正的朋友可能一个也没有，因此，作为父母，一定要告诉孩子在交际的过程中，要做到诚实，因为我们面对的不是敌人，是现在的或者是未来的朋友。

3. 有意识地训练孩子的说话能力。

虽然说女孩子具有语言天赋，但是并不是所有的女孩子都这样，对于那些不善言谈的女孩子，培养孩子的说话能力就显得很重要。怎么做呢？家长可时常出些模棱两可的辩论题与孩子辩辩；也可故意提出一些不正确或片面的观点，让孩子据理反驳；对孩子平时话语中的差错，家长也可作必要的挑剔，帮助其认识；平时，还要鼓励孩子参加演讲赛，鼓励孩子上课或开会时积极发言。

4. 多交朋友。很多人把交际只当做交际来做，而忽略了培植友谊，其实相比于交际来说，友谊显得更重要，因为一百个交际场上的朋友也比不上一个知心朋友，这是一个浅显易懂的道理。

一般来说，人们都乐意找一些意气相投的朋友，同样有一些人能够交到一些与自己性格差异较大的朋友。因此，我们可以告诉女儿，只要她真诚，只要她能够推心置腹，交到知心朋友还是不难的。

5. 学会倾听。一定要教会女儿倾听，一个不会倾听的人很难得到表达的机会，也很难得到别人的理解和帮助。要作一个会谈话的人，不但要会说，也要会听。

总之，“富养女孩”，要帮助女儿学会交际，要让她能够自如运用语言，能够处理各种人际交往关系，能够交到很多的知心朋友。

第五章

献给玫瑰的第一桶金

——为女儿积累足够的自信

对于女孩子来说，获得成功与幸福生活的一个关键因素就是自信。我们都有这样的常识，在人生的竞争进入到最激烈的阶段时，拼得往往不是能力，而是自信。一个没有自信的人，总是在关键时刻连自己的优势也把握不住。因此，“富养女孩”，一定要培养女儿的自信，要保证无论她选择什么样的前途，她都有能力操控自己生命的航船行驶在正确的航道上。

女孩的懦弱从何而来

富养真经
FU YANG ZHEN JING >>>

女孩子可以柔弱，但不能懦弱，一个柔弱的女孩子可能娇媚，让人怜爱，可是一个懦弱的女孩子就难以在社会上立足。“富养女孩”，就要让女儿建立起足够的自信，把懦弱的苗头扼杀在摇篮里。

女孩子是否具有高贵气质，很大程度上取决于她是否拥有自信。一个自信的女孩子，她的言行举止之间自然会蕴涵着超乎常人的坚定、果敢、骄傲等气质，而这恰恰是形成高贵气质的基础。

不自信的直接表现就是懦弱，培养孩子的自信，我们首先要知道孩子为什么产生这样懦弱的性格。

女孩子聪明可爱自不待言，但是很多父母在教育女儿时，往往关注其灵秀性，而忽视了其勇气的培养，这使得女孩子普遍缺少勇敢精神。这些“小公主”们凡事怕字当头：怕黑夜，怕生人，怕风，怕雨，怕闪电惊雷，怕动物，怕父母不陪在身边……但是父母们并不认为这有什么不妥，反而觉得女孩子就应该如此，只有这样，才能够有人疼，有人宠。但是这样的认识未免显得片面，因为他们没有看到一个懦弱的孩子很难建立起自信，也很难做成属于自己的事情。

女孩子胆小的源头在家庭，在父母，在他们不恰当的教育。造成女孩子胆小的原因主要有：

第一，经常恐吓。在孩子小的时候，难免有哭闹，有些家长见女儿要哭要闹，或者淘气调皮不听话，就用大灰狼、老虎、狮子等凶猛的野兽进行恐吓，想以此来镇住孩子；有的家长甚至用魔鬼、妖怪、雷公等迷信物来吓唬孩子；还有一些父母索性关掉电灯，发出各种怪叫声，造成一种阴森可怕的气氛。但是这样的做法无异于饮鸩止渴，恐吓对制止孩子一时的哭闹会有一些作用，但它的副作用却是很大的，会给孩子带来长时间的心理创伤。

红玉领着自己的外甥女晶晶去动物园玩，小女孩显得既兴奋又胆怯，她远远地看着那些可爱的动物，但是就是不敢靠近，哪怕是对那只美丽的孔雀，晶晶也躲得远远的。这让红玉很是不解，姐姐经常埋怨孩子胆小，看来此言不虚。

从动物园出来后，见到门口有卖雪糕的，红玉便给晶晶买了一根，可是她说什么都不吃，还用小手把嘴巴堵上了，红玉问她："为什么不吃呢？你如果不吃，小姨可要吃了。"说完拿起雪糕作势要咬，不想晶晶大惊失色，连忙喊道："小姨不能吃，雪糕里面有小蛇。"

红玉愣住了，她问道："谁说的？"晶晶一本正经地说："妈妈说的。"红玉忽然明白了，她问道："妈妈有没有说过'狼来了'，或者'再哭就把你怎样'的话？"晶晶点点头。

晚上回到姐姐家中，红玉又把这个话题引出来，问姐姐红霞是不是经常吓唬晶晶，红霞承认的确是这样，但是小孩子不听话，不吓唬她，她怎么能乖乖的呢？红玉摇摇头，说道："你这样吓唬她，慢慢的，她就会对整个世界充满恐惧，到时你再想培养她的自信心都难了。"

对于家长随意杜撰出来的那些可怕的东西，孩子没有识别能力，她们会把所有的一切都当成真的，进而烙在头脑中，形成抹不掉的阴影，乃至一到晚上或没有其他人时，这些可怕的影子就会现身来恐吓她们。时间久了，就是一个特别胆大的孩子也变得畏畏缩缩了。

第二，动辄训斥。

俗话说望女成凤，为了孩子的未来，家长们必须要管教孩子，于是有一些人便陷入了误区，认为孩子就是管教出来的。他们对孩子表现得非常严厉，对孩子的要求过于苛刻，孩子稍有差错，或稍有不顺眼的地方，动辄大声训斥，严厉批评，不允许孩子有半点自由，一举一动都得经过同意方可。女孩子生性娇弱，自尊而敏感，动辄大声训斥，不是让孩子彻底丧失自尊心，就是让她与自信心无缘，这样的做法无异于扼杀孩子的未来。因此，家长们一定要注意不要过于严苛，特别是毫无理由的严苛。

第三，过分娇惯。与过分严苛相同，过分娇惯同样会让孩子产生懦弱的心理。因为娇惯让孩子们没有了接触挫折和失败的机会，也就剥夺了孩子锻炼的机会，弱化了孩子的能力。我们已经知道，“富养女孩”，是精神的富养，这与娇生惯养不可同日而语，对这一点，有一句话说得很透彻，“再富不能富孩子”，表面上看，这句话与我们的“富养女孩”的理念完全相反，其实内里却具有异曲同工之妙。就本书的理念来说，“富养”要“富”对地方，“富”得不对地方，就不能说是“富养”。

第四，灌输弱者心态。

虽然女权主义的喊声已经震慑了很多人，人们对于女孩子的认识也不再以娇弱为主，但是仍有一些家长，潜意识里把女孩子当成弱者来看待，过分的渲染使孩子产生自卑感。还有一些家长因为社会地位低下，家庭经济条件贫穷，自身非常自卑，他们传给孩子的自然也可能是一种自卑。

雪里已知春信至，寒梅点缀琼枝腻，
香脸半开娇旖旎，当庭际，玉人浴出新妆洗。
造化可能偏有意，故教明月玲珑地。
共赏金尊沉绿蚁，莫辞醉，此花不与群花比。
——李清照《渔家傲》

要帮助女孩树立自信，首先自己要自信，同时，还要积极鼓励孩子大胆与人竞争，积极参与各种活动，在参与中锻炼和壮大胆量。自信的培养要从小开始，从点滴的小事做起，对女孩多鼓励、多赞赏，帮助孩子排解心理障碍，克服自卑心理，才能造就新时代的新女性，让她们生活在自信自立的天空下，快乐而幸福。

拉女孩走出孤僻的黑暗

富养真经
FU YANG ZHEN JING >>>

"富养女孩"不能让孩子处于这样的境遇：不能恰当地表达自己的情感，也不能正确地观察与了解自己，更无法准确地把握别人的心情和意图。这样的孩子会一生处于苦闷孤僻中，因此，要多和孩子交流，鼓励孩子与人多交往。

自卑的外在表现除了懦弱而外，就是孤僻。产生自卑感的女孩常常不喜欢交际，缺乏知己，活动能力差，经常回避群体活动，进取心不强，对人不够热情，更多地考虑自我，缺乏自信心。很显然，这样的自卑也容易毁掉孩子的前程，因此"富养女孩"，让女儿不再孤僻也是一堂必修课。

随着年龄的增长，女儿到了相当了解世故的年龄，对周围的事物格外敏感，父母在这个时候就要把更多的精力放在和她的沟通与交流上。孩子非常想知道她究竟生活在一个什么样的家庭里，家里正发生着什么，爸爸妈妈之间感情如何，这是无法回避的。因此，父母不但要营造一个温馨的家庭氛围，同时还要能够把孩子也带入其中，不要让孩子产生孤独感。具体来说，要鼓励孩子说出自己的思想，如果感觉到有什么不对，就提出问题并倾听她的回答，使她充分加入进来。

甚至一些重大的家庭问题，也可以请女儿来参与，这样容易形成一个民主型的家庭。民主型家庭的最大好处就是能够让孩子有安全感，没有孤独感和畏惧感，同时能够全面发展，能够区分是非，能够承担责任，能够迅速认识到错误。

无论多大的孩子，在与她交流时，都不要随心所欲，因为女孩子的敏感性使得她们自身很容易受伤，一句不经意的话，一个不在意的眼神，都能让女儿感到委屈，产生自卑，进而封闭自己。

因此，父母在与女儿交流的过程中，一定要讲究方式，要三思而后行，同时，对于孩子的评价，最应避免的就是妄下结论，要考虑到孩子对自己的期待。

同孩子讲话时重要的是表示对她的关心，使她感觉自己是家庭的一员。父母的声音是孩子能听到的最令人愉快的声音，不要让时间和地点局限、阻碍同孩子的交流。

只有在与父母交流顺畅的时候，女儿才能够理解交际，才会利用交流，走出自卑，走出孤僻。孤僻的孩子往往心里积郁了很多的苦闷，而交流是最好的发泄的方法。从孩子的角度来说，同父母谈一谈自己的问题和感触，既可以使他们了解自己在想什么，也使自己的情绪不致堆积起来，派生更多的苦恼。通过交流解决矛盾，安抚情绪，既联络了感情，也为女儿树立了一个解决问题的模式。

另外，为预防孩子孤僻，一定不要过分限制交往。我们前面已经说了，交际对于女孩子的气质培养很重要，但是有些家长只希望孩子在家看书做作业，不让孩子参与各种人际交往，使女儿在人际交往中显得没有自信，畏畏缩缩。

明月几时有？把酒问青天。

不知天上宫阙，今夕是何年。

我欲乘风归去，又恐琼楼玉宇，高处不胜寒。

起舞弄清影，何似在人间？

——苏轼《水调歌头》

简长相甜美可爱，很多孩子都喜欢她，可是她却显得很孤僻，特别是在年级的舞会中，她常常会独自一个人找一个角落坐下，百无聊赖地摆弄着手中的可乐。很多孩子约她跳舞，都被拒绝了。她总是看着别人成群结对地翩然起舞，伴着时而强劲、时而温柔的舞曲，尽情地表现自己。

其实，在简的心里，非常希望自己能够在同学面前跳一支舞。要知道，她很会跳舞，在家里，她跟妈妈学过，很喜欢跳舞的感觉，也受到过妈妈的称赞。只是，每当有男生来邀请简时，她就不由得一阵紧张，甚至还会感到恐惧，从来不敢答应对方。严重的时候，面对那些调皮的男生的大声邀请，简甚至觉得口干舌燥，连拒绝都难以说出口，只把头低低地埋着，一声不吭。

为了避免尴尬，每次舞会开始不久，简就会趁着别人不注意，悄悄地溜出来。简的老师约翰逊先生很快把这一情况反映给了她的妈妈，在两人沟通的过程中，约翰逊发现：妈妈一直限制简与别人交往，她的理由似乎很充分，她怕美丽的女儿受到伤害。

找到症结后，约翰逊决定邀请简的妈妈来参加一次舞会，当然，妈妈没有出现在会场上，而是在暗处观察。

这一次，简依然躲在一个角落里，看到自己的女儿竟然如此孤僻，简的妈妈显然也意识到了自己的错误。就在舞会进行到高潮时，简又要溜掉。这时候，约翰逊先生走了过来。简见到老师来了，只感到一阵紧张，走又不敢走，只好低着头听老师说话。

过了好一阵，简终于恢复了常态，毕竟老师显得很平易近人，他只是跟她聊聊而已，也许不会请她跳舞的。这样一想，她又恢复了平静。约翰逊看到简放松了，就装作不经意地问道：“你没学过跳舞吧？”简毫不迟疑地答道：“学过呀，只不过是跟妈妈学的。”“那好啊，我请你跳一支吧，好吗？”

简如梦初醒，为刚才的话叫苦不迭，只好硬着头皮站起来。随着舞曲，约翰逊先生带着简，投入到五彩缤纷的舞池中。虽然步伐有些僵硬，但简很快就适应了这些舞步，其他同学注意到简居然会跳舞，心里都暗暗称奇。

约翰逊跟她跳了两曲之后，就有男生来邀请她，这时候约翰逊冲着简点点头，简迟疑了一阵，还是鼓起了勇气。

回家后，妈妈正式向女儿道歉，限制她交往是错误的。简惊异极了，直到此时，她才意识到自己竟然很孤僻。

在妈妈和老师的共同帮助下，慢慢地，简走出了孤僻，变得非常自信，她的周围有很多好朋友，而他们总是被她自信的光辉所吸引。

不要以为，限制孩子交往是为了孩子好，恰恰相反，那是毁掉孩子自信的最直接的方法。一个优秀的女孩子应该在交往过程中，逐渐学会保护自己，而不是躲进套子里保护自己，那样，只能形成极度的自卑，影响前程。

为了女儿有可靠的幸福前程，要让女儿在交流中找到自信，在交往中发展自己的能力，积累自信。

自小就给女孩穿上“水晶鞋”

富养真经
FU YANG ZHEN JING >>>

自信是孩子创造未来生活的核心，是发展自我的必备性格。“富养女孩”，要求父母必须做的是——灌输给她一些我们传统文化中对女性所不要求的品质，使她成为一个自信的女孩。

“水晶鞋”是每一个女孩子的梦想，因为谁都不想一辈子生活在“灰姑娘”的状态中，所以，“富养女孩”主张“自小就给女儿穿上‘水晶鞋’”。这里所说的“水晶鞋”主要是指自信，一个充满自信的女孩子永远是光彩照人的，她能够吸引更多人的目光。

从婴儿到成人，在梦想与现实的交错中，哪个女孩不是忐忑不安地成长，从瑰丽的梦境跌落到心灵的重重迷雾中，从沉睡的酣畅、苏醒的惊喜到混沌的惶恐不安以及不能用言语表达的渴望……

白马王子是所有女孩曾做过的最美的梦，水晶鞋是所有女孩最想拥有的成长礼物。如果父母能够在女儿成长的过程中就把这件礼物准备好的话，那么，在女孩的生命中，她就会一直坚信自己会美梦成真。而不用长大之后，在翻阅杂志欣赏那些美丽的照片时，总是沉浸在幻想中，然后在童年的美梦中惆怅不已。

现在有很多女人回忆起童年那个美好的梦境，都会摇摇头，“这不过是童话”，或者轻轻叹息说，“这怎么可能呢？我曾经多么孩子气”！这都是因为她们缺乏足够的自信，不敢用行动来完成理想和现实之间的过渡。

美丽的童话终究要褪去它五彩斑斓的外衣，当女孩穿越了童话的门槛，来到光怪陆离的现实世界，我们作为父母，应该能够让她看到自己居然真的穿着“水晶鞋”，不管她曾经是怎样的一个灰姑娘。这就需要我们在孩子童年的时候，就要把自信传输给她。

一回到家，10 岁的阳阳就告诉妈妈：“妈妈，老师让我报名参加书法竞赛。”妈妈很高兴，说道：“太好了，你去报名了吗？”

“没有。”

妈妈看了看阳阳，她的眼神里既有向往又有犹豫和胆怯，看到妈妈这样看她，阳阳有些不好意思，低着头说：“我有点害怕，台下会有很多人看。”

“妈妈觉得你的书法非常棒，而且老师既然让你参加就说明非常肯定你的水平，我想你应该参加，可以锻炼锻炼自己。”妈妈鼓励阳阳。

但阳阳依然很犹豫。

过了两天，老师打来电话，让阳阳的妈妈说服阳阳报名参加书法比赛，原来阳阳还没有信心报名。爸爸妈妈觉得应该好好和她谈谈。

阳阳回家后，爸爸找了个机会，和阳阳聊天。很自然的，爸爸提到了报名一事，爸爸说：“首先，我们不是强迫你一定报名，这事还是你自己做决定，但我们可以谈谈参加竞赛的利弊。”

刚说到这里，阳阳就抢着说：“爸爸，我非常想参加竞赛，我知道这可以锻炼我自己，但我就是没有信心。”

“为什么呢？你害怕输吗？”

“是。”

“你在爸爸妈妈的心中都是有能力的孩子，这点不需要用竞赛的名次来证明。我们这次参赛只是想接受一次锻炼。”爸爸说道。

妈妈也在旁边说：“老师打电话来说，他是很相信你的能力的。爸爸和妈妈，还有你的老师，都不会以比赛结果来重新评价你。我们关心的是你是不是用这个机会去锻炼自己。”

“可是台下有那么多的人看我。”阳阳仍然很胆怯。

“那有什么关系？他们都和父母一样是支持你的，你只要专心做你的书法就可以了。”

“真的吗？他们真的也支持我吗?”

“当然了。”

阳阳想了想，最后她满怀信心地说:“我现在就打电话给老师，我要报名。”

……

比赛结束后，阳阳获得了第一名，站在领奖台上，阳阳自信十足。

由于社会传统文化所限，女性的角色定位是男性的支持者，因此，女孩子的成长过程中的自信心的培养稍嫌欠缺，特别是在青春期时，就会产生自尊心下降等情况，因为她们会寻求男性的依靠。“富养女孩”，就要求父母要积极培养女孩子的自信心，凡事都能够依靠自己解决。

作为父母，要树立女儿的自信，首先要认识到她们的成长，并在我们的态度中表现出这种认识与对女儿能力增长的欣赏。每一次鼓励，每一次赞美，都是女儿相信自己进入人生舞台的一个证据，随着这些证据的增多，女儿就被导入了人生的剧情，她慢慢学会自己把握自己的角色，自信也就逐渐培养起来。

要培养女儿的自信心，必须使她首先具备一定的能力与自我认识，下面是培养女儿自信的具体的做法：

第一，让女儿学会依靠自己。

一个从小就被教育自己有责任照顾自己和家庭的女孩子，无论从经济上，还是从事业上，都有一个更加可靠的前程。

第二，给女儿一定的自主权和自由度。

虽然是女孩子，在她成长的过程中，父母必须让她意识到她能有所成就。让女儿对实现自己的目标有一定的控制能力，不仅仅为父母所支配，还能够做独立的选择。父母应当给她更多的“权利”，允许她做更多的决定，这有助于发展她的能力。当女儿能决定怎样安排自己的时间，穿什么样的衣服，参加什么兴趣小组等等，她就会觉得享有了自主权。她会逐渐意识到父母信任她会作出正确的决定，也明白自己的决定会有什么后果。相反，如果父母或者别人帮她做了这些决定，她会感觉无助、被动，开始怀疑控制自己命运的能力。

林中有奇鸟，自言是凤凰。
清朝饮醴泉，日夕栖山冈。
高鸣彻九州，延颈望八荒。
适逢商风起，羽翼自摧藏。
一去昆仑西，何时复回翔。
但恨处非位，怆恨使心伤。

——阮籍《咏怀诗》

第三，培养女儿的竞争能力与技巧。

孩子的成长需要我们的帮助，但是不需要我们代办，因此，我们的任务是帮助她培养能力与自信，而不是帮助她们办事。好心的父母、老师或其他成人对帮助女孩子表现出更大的热忱，通常比给男孩子提供的帮助要急切得多，这就会在女孩子的心里形成这样的认识:“我需要比男孩子更多的帮助，因为我是弱者。”在这种过多的关怀与照顾下成长的女孩子会觉得自己没有竞争力，不利于自信心的培养。

第四，培养女儿的个性与意志力。

父母需要培养女孩子的个性，要让她知道自己想要什么和信奉什么。一个有个性的人喜欢说这样的话:“我想要这个。”“我能做那个。”“我不支持这种观点。”

为什么要单独提出这一点呢？因为这与传统中的女性行为不同。在传统社会中，女性处于被支配的地位，她们被鼓励去征询意见，请求同意："我这样做可以吗？""你想让我干什么？"这样的情形使得女孩子没有任何支配权利，这不利于孩子的自信心培养。

"富养女孩"，要求父母必须培养孩子的毅力，以便在困境中有勇气与决心克服困难，作出勇敢的选择，并坚持下去。逐步训练孩子面对挑战的能力，一旦她看到自己有能力解决难题，她的自信就会大增。这样在未来的成长之路上，无论有多大挑战性，只要坚持去做了，就会获得一定的成功。相反如果她感觉不到自己有毅力和自制力，在遇到困难时，她很快就会去尝试新的容易的选择，放弃挑战。

总之，所有的梦想都需要行动来完成，如果没有自信心，女孩子就只能坐在梦想的大门里，不敢踏入现实一步，把自己美好的未来全部葬送掉。为了让女儿终于能够如愿以偿，作为父母，我们必须在孩子小的时候，就要给她穿上自信的"水晶鞋"。

培养女孩乐观的心态

富养真经
FU YANG ZHEN JING >>>

在孩子的一生中，乐观具有许多意义：它是诱发孩子采取行动的强烈的动机；它静驻孩子内心，可以提供充满勇气、克服困难的神秘力量。"富养女孩"，就是要赐给女儿希望和乐观，让她们能够积极地完成自己的理想。

女孩子是鲜花是美玉，是所有美好的代名词，可是，人们不会去欣赏无精打采的鲜花，被灰土岩石覆盖的美玉也难以受到人们的重视。女孩子，如果总是沉浸在阴郁愁苦之中，就很难有所成就，也很难被人欣赏。“富养女孩”，就要培养女儿乐观的心态，这对培养她的自信非常重要。

其实，女孩子是为快乐而生的，我们应该让笑声伴随着女孩子的成长，这样，女孩的生活就永远充满了阳光。一位教育专家有句名言：“培养笑容就是培养心灵。把孩子培养成面带笑容的孩子，就是把孩子培养成为乐观、进取的人的最重要条件之一。”

一个乐观开朗的人，无论面对什么样的生活，都有能力重新开始，即使在地狱中，也能重新走入天堂。面对生活中的每一次转变，孩子乐观的性格，有助于形成走向成功的机会；孩子积极的观点，有助于目标的实现。对于任何一个人来说，这是比什么都重要的财富。

在培养孩子的心理素质和性格过程中，乐观性格的培养是一个必不可少的基本成分。孩子乐观开朗的性格不是先天的，父母的教育和培养对孩子养成乐观性格至关重要。

迪翁是美国著名的潜能开发大师。他富有激情，极具感染力，他的课程也非常受欢迎，他总是能够调动起人们的积极性和自我开发潜能，他经常应邀到世界各地去巡回演讲。

迪翁常常用一句话来激励人们进行积极思考：“任何一个苦难与问题的背后，都有一个更大的幸福！”这是他的招牌话，由于时常将这句话挂在嘴上，连他唯一的女儿，在很小的时候都可以朗朗上口地附和他这句话。

那一天，不幸突然降临，迪翁正准备在韩国的一场演讲，忽然收到一封来自美国的紧急电报：他的女儿发生了一场意外，已经送医院进行紧急手术，有可能切除小腿！一听到他的掌上明珠出现了这样大的事故，迪翁痛心不已，心情烦乱地无法继续进行课程，于是，他火速地赶回美国。

当看到躺在病床上一双小腿已经被切除的女儿时，迪翁心如刀绞，

他的情绪一下子沉入万丈深渊。这是他头一次发现自己的口才完全不见了，笨拙地不知如何来安慰这个热爱运动、充满活力的天使！

然而他的女儿似乎没有因此而影响好心情，她察觉父亲的痛苦，就笑着告诉他："爸爸！你不是常说，任何一个苦难与问题的背后，都有一个更大的幸福吗？不要难过呀！这或许就是上帝给我的另一个幸福。"迪翁无奈又激动地说："可是！你的脚……"

小女儿非常懂事地说："爸爸放心，脚不行，我还有手可以用呀！"

听了这样的话，迪翁虽有几分心酸，可也欣慰不已。

装上假肢后的女儿已经无法跑步，只能缓步走路。可是两年后，小女孩升入中学了，她再度入选垒球队，成为该队有史以来最厉害的全垒打王！因为她的腿不能走路，就每天勤练打击，强化肌肉。她很清楚，如果不打全垒打，即使是深远的安打，都不见得可以安全上垒。所以唯一的把握，就是将球猛力击出底线之外！

这是一个乐观积极的小女孩，在最艰难的时刻，她留给人们的依然是微笑，因为她父亲的那句话已经深深地印在她的大脑里，她相信"任何一个苦难与问题的背后，都有一个更大的幸福"，于是，灾难变得不再可怕，而她本人也更有能力面对那场艰难的挑战。

也许有些孩子天生就比较乐观，有些孩子则相反。但心理学家发现乐观思想是可以培养的，即使孩子天生不具备乐观品质，也可以通过后天的努力来实现。

假如你不够快乐
也不要把眉头深锁
人生本来短暂
为什么还要栽培苦涩
——汪国真《假如你不够快乐》

要培养孩子乐观的品质，父母首先必须有乐观的思维方式。如同迪翁一样，因为他的乐观，才造就了女儿的乐观，因为他的积极才培养了女儿的积极。在孩子的成长过程中，她一直在看着父母，如果父母在处理自身问题和家庭问题时持乐观态度，那么孩子通过观察和模仿会逐渐养成乐观品质。当孩子遇到不利事情而悲观时，父母应带领孩子对问题进行多方面的思考和衡量，并让孩子明白她的思想中存在的逻辑错误。

这是一个活泼可爱的小女孩，她头上戴一枚草莓型发卡，尽管长着满脸雀斑，但她却没有丝毫的忧愁，她开朗而乐观，无论什么时候看到她，都能见到她满脸的笑意。她的父母也是同样一副面孔，那种微笑似乎是他们永远不变的表情。

这一天，她特别兴奋，因为她要去参加好朋友卡莉的生日宴会了。她早早就穿上漂亮的牛仔靴、黑色的牛仔裤，这是妈妈为她新买的衣服，她又带上爸爸以前送给她的牛仔帽，简直帅极了，最让她激动的是，她要骑一匹真正的小马去参加宴会。

然而，天公不作美，11点半，天气突然变了脸，狂风大作，大雨如注。她只好静候在窗前，等待暴雨结束。这时，妈妈走了过来，告诉她由于天气的缘故，宴会取消了。她一下子没有了笑容，眼泪在眼圈里转了半天。妈妈也很难过，不过她微笑着说："宝贝，不过，我们今天可以在屋里子做'寻找公主'的游戏了。"

小女孩随即高兴起来，她说道："我敢打赌，下个星期六一定是个骑马的好日子，到那时，我要骑马去玩。"

她就是美国今天著名的女企业家拉塞尔·合姆。

一个自信乐观的父母，总是能够培养出言行乐观的孩子，他们总是能够为女儿营造这种积极乐观的氛围，因此，培养孩子乐观的心态，首先，父母要身体力行，营造出一个乐观而温馨的家庭环境，让女儿快乐地学习、快乐地生活，教会孩子正确面对批评和挫折，学会乐观向上，帮助孩子克服羞怯和抑郁的悲观因素，多给予赏识与鼓励，多给予笑声与温暖，孩子就会逐渐形成乐观开朗的性格。

为此，家庭中所有成员在说话做事时都应有平和的态度。在对女儿说话时，要和颜悦色，让女儿感受到心情舒畅，不要经常厉声厉色地斥责孩子，以免孩子对父母望而生畏，心情老是处于不舒畅的紧张状态。这就要求父母尊重孩子的愿望，做事以理服人，要让他们自然滋生出积极的情绪。

第二，在家庭生活中，应该经常有孩子喜爱的琴、棋、书、画以及各种文娱体育活动。

第三，要经常引导孩子完成力所能及的任务，使其体验“成功”的欢乐。对于一个人来说，能够产生愉悦的情绪，莫过于完成任务的满足感和自豪感了，因此，作为父母，要让孩子在完成学习、劳动任务中，或在游戏活动中体验到“成功”的愉快心情。

第四，孩子一旦有了不愉快的事情，家长要设法尽快消除其不良情绪，恢复其愉快的心境。

著名教育学家塞利格曼指出：父母教育孩子的方式正确与否，显著地影响着孩子日后性格是乐观还是悲观。因此，作为父母，一定要积极营造一个乐观和谐的家庭氛围，让孩子在乐观中逐渐找到生活的自信。

维护女孩“公主”的尊严

富养真经
FU YANG ZHEN JING >>>

做父母的一般不会有意去伤害孩子的自尊心，但是很多父母在教育的过程中也会出现一些错误的言行，伤及孩子的面子，让孩子产生耻辱感，进而失去自信。“富养女孩”，要求父母在精神上要给予女儿富足的养料，极力维护孩子的自尊，让孩子永远自信满满。

如果一个女孩子在成长的过程中，自尊心受到了伤害，那么她就很容易形成消极的自我评价，这不利于自信心的培养。因此，作为父母，要积极维护她“公主”的尊严。

这是一位家长的手记：

“那天，我女儿班上年龄最小的同学相宜在我家画完画，女儿佳佳要和她出去玩。两人收拾准备时，我顺手把两个孩子涂抹得乱七八糟的纸张卷在一起，并准备扔掉。相宜见状急步过来对我说：‘阿姨，别把这些画扔了，我还要带回家去呢。’我一愣，她又问：‘您不喜欢我的画吗？但是我妈妈一定会喜欢。她告诉我，不管我做什么她都喜欢，因为她爱我，我是天下第一。’相宜显得很认真。我若有所悟，相宜的自信在妈妈的培养和鼓励下已经根深蒂固了。我自愧不如相宜的妈妈，她的言行举止，在潜移默化地使孩子树立信心，而我险些将孩子的自信心毁掉。”

女孩子的心思细敏，她们在成长的过程中，渴望得到别人的鼓励和赞美，同时，也害怕别人的轻视，因此，“富养女孩”，要求父母一定要注意自己的言行，很可能一个不经意的动作，就伤害了孩子的自尊自信。

另外，父母对孩子的批评也应该恰如其分，不应把几次错误夸大成永久性的过失。父母应该具体指出孩子的错误及犯错误的原因，使孩子明白自己所犯错误是可以改正的，并知道从何处着手改正。

在美国，无论孩子长得多丑，别人都不会对她说真话，而是告诉她(他)长得有多么可爱，多么讨人喜欢。这是为了维护孩子的自尊。据心理学家说：孩子的自尊心直接影响着自信心，如果自尊心受到伤害，那么人就难以建立自信。

爸爸的工具间里一片狼藉，工具被扔得到处都是，旁边还凌乱地散放着女儿薇薇的几个小玩具，下班回家的爸爸一看到这种场景，不由得怒火中烧。他转身走到屋里，见薇薇正在玩电子游戏，他一把将她抓了出来，把她推推搡搡地领到工具间，并厉声问道："这些是什么？啊？我告诉你多少次了，要把工具放回原处。你没长脑子吗？"

薇薇害怕地有些发抖，她害怕爸爸打她，就大声地喊妈妈，妈妈正在厨房做饭，听见薇薇的喊声，急忙跑了过来，这时候爸爸已经怒不可遏地伸出了巴掌，妈妈一把拦住了爸爸抡起来的胳膊，她问道："发生了什么事情？"

爸爸仍然怒气冲冲，他说："你让她自己说说！"

薇薇低声对妈妈说："妈妈，我的玩具车坏了，我刚才在工具间想修好它，可这时候，你来叫我接电话，我就拿起电话和朋友聊了起来。结果放下电话后就忘了正在修理的玩具车，而走回屋子里，玩起了游戏机。妈妈，我总是做不好我的事情。"

很显然爸爸怒气冲冲的样子，已经使薇薇感到非常沮丧，她心里正责怪着自己。妈妈一见此景，连忙说道："不是的，你不是想要修好自己的玩具车吗？"见妈妈没有批评她，薇薇抬起头来看着妈妈。

"那么，现在，让爸爸带你修理玩具车，好不好?"妈妈说，薇薇听妈妈如此说，很认真地点着头。爸爸有些莫名其妙，妈妈示意他帮助薇薇修理玩具车，他虽然余怒未消，但是也逐渐平静下来，于是，爸爸和薇薇两个人一起对玩具车进行了修理，妈妈也在一旁指导着。

修完了以后，爸爸正准备收拾工具，薇薇却说："爸爸，我自己来收拾好工具，我记得它们原来的地方，我自己来收拾好吗?"爸爸很是惊喜，他点了点头，站起来看着女儿认真地收拾着。

爸爸几乎伤害了薇薇的自尊心，让她觉得自己什么都做不好，但是，妈妈及时改正了爸爸的错误。孩子很小，难免要犯错误，家长所应该做的，就是对她提出改正建议，而不是批评训斥，损伤其自尊心。唯有鼓励和支持，并让孩子意识到错误，才能使孩子不对犯错误产生恐惧感，有勇气犯错误也有勇气承认错误，同时也相信自己能做得更好。

对于女孩子来说，还有一点比较重要，那就是家长不能过分关注女儿的体重或严格限制她们的饮食量。一项新的研究发现，这样做，会破坏女孩的自尊心，进而破坏孩子的自信心。

此项研究对 197 名 5 岁的女孩及她们的父母进行了调查。研究人员首先测量了这些女孩的体重，接着对她们的自尊心进行了问卷调查，最后，对她们的父母就这些女孩获取食物和体重的情况进行了问卷调查。结果发现，家长越盯住她们的体重不放，越控制食物，女孩对自己的评价就越低。因此，"富养女孩"，父母不要犯这方面的错误。

不要以为孩子小就没有自尊心，相反，小孩子也有她自己的面子，特别是女孩子。如果在孩子的成长过程中，伤害了她的自尊心，无异于毁掉了孩子的自信心。因此，父母要注意自己的言行，极力维护孩子的自尊心。

鼓励那个满脸泪水的小丫头

富养真经
FU YANG ZHEN JING >>>

教会孩子自己做事不容易，但有一个非常主要的原则是，孩子需要我们的鼓励。因此，“富养女孩”把这一项原则作为自信心培养的一项基本原则，让孩子的潜能在父母的鼓励和赞赏下，逐步被挖掘出来。

对于孩子来说，一句鼓励的话等于巨大的能量，等于成功的荣誉。女孩子娇弱，但是并不是没有能力，永远要记住：“成不成为”是一回事，而我们“相不相信”孩子有这样的能力又是另外一回事。

当我们相信孩子能力的时候，我们会传达给孩子一种积极的信心。我们对孩子的期望会转化为孩子行为的动力，影响孩子将来的成就和发展方向。“富养女孩”，就要求父母在孩子面临困难时，多鼓励鼓励那个满脸泪水的小丫头。

周弘是南京的一名普通的工人，他有一个双耳全聋的女儿周婷婷，这本是一对普通的父女，然而就是这样一对父女，却创造了教育史上的一段传奇佳话。

6岁，婷婷就认识了2000多个汉字，她进了一所普通小学，跳了两级；8岁，婷婷能够背诵圆周率小数点后1000位，打破了当时吉尼斯世界纪录；10岁，婷婷被评为全国十佳少先队员、全国残疾人自强模范；16岁，婷婷成了中国第一位聋人少年大学生；20岁，婷婷被美国加劳德特大学录取为研究生——第一个中国聋人研究生，为此，她在人民大会堂7000人的表彰会上作了精彩的发言，引起了轰动。

在父亲的培养下，周婷婷创造了一个又一个奇迹。所有的人都在惊叹这对父女创造的奇迹，人们非常想知道周弘作为一名普通的父亲，到底使用了什么样的良方，让女儿获得了如此巨大的成功？周弘说：他使用的一直是赞赏和鼓励。

婷婷懂事后，也像别的聋童一样自卑，来客人时就会悄悄躲在桌子底下。那时的周弘既难过又绝望。彻底改变周弘的是电视剧《血疑》。大岛茂为了有1%生存可能的女儿幸子，付出了无尽的父爱。婷婷不过是耳聋，他也有能力改变女儿目前的不幸。周弘相信：生命是脆弱的也是美丽的。他决心要为女儿打开有声世界的大门。

开始，周弘想方设法要治好婷婷的聋，但婷婷的耳朵挨了5万多针，没有一点起色。于是周弘开始为女儿治哑。周弘发明了母语玩字法，他把女儿说的每一句话写在墙上、地上、桌子上、身上、手上。除了上班，周弘将所有的时间都放到了婷婷的教育上。每次到大自然中玩，父女俩都玩得满身是字回来，他从不问孩子认了多少字，语言却进入了孩子的潜意识。

根据口型发音的婷婷说话有些古怪，她自己似乎也意识到了，她非常担心地问爸爸：“我的声音好听吗？”周弘笑了：“你的声音好像一串串珍珠，棒极了。”婷婷听了，笑了，也越来越愿意说话。

为了鼓励女儿，周弘将美国天才儿童行为表贴在台板上，当婷婷读书忘记吃饭时，周弘就欣喜地将她拉到台板前：“孩子，你看，你符合天才儿童的第一条，读书废寝忘食，孩子，你不是天才谁是天才？”小婷婷欣喜不已。

当8岁的婷婷背出圆周率1000位时，周弘说：“你就是天才，这就是证明。”对于自己是个天才，小婷婷深信不疑。但是，生活并非一帆风顺，有一次，婷婷的数学居然考了一个不及格，她非常沮丧，很难过地告诉了爸爸，周弘笑着说：“太好了，你不是要当海燕吗，现在暴风雨来了。”

周弘将鼓励的方法用到了极致，每篇作文，周弘都用红笔将好句子划出来让婷婷高声朗读，让全家热烈鼓掌，周婷婷高兴得梦中都想好句子。

其实，婷婷的智商是105，远低于所谓天才儿童的130，但周弘告诉婷婷：“智商只能测记忆力，无法测悟性、灵感，而你正是这方面的天才。”

就这样，在父亲的鼓励下，婷婷一步步走上了成才之路。

婷婷是“神童”吗？周弘说，她其实只是一个普通的孩子，只是，作为家长，他非常懂得如何欣赏孩子，鼓励孩子。在周弘看来，只要教育得法，所有的孩子都能达到或超过婷婷的总体发展水平。

> 我微笑着走向生活，
> 无论生活以什么方式回敬我。
> 报我以崎岖吗？
> 我是一座大山庄严地思索！
> 什么也改变不了我对生活的热爱，
> 我微笑着走向火热的生活！
>
> ——汪国真《我微笑着走向生活》

的确如此，世上本没有超凡脱俗的人，只是普通的孩子因为种种的压抑而没有达到应有的高度，于是归于平淡。大多数孩子并不是在小学五六年级才落后，而是一入学就掉队了，以后就一直不能有成功的感觉。他们的潜能始终没有能够得到发挥，不仅没有发挥，由于处于落后的地位，还经常被家长和老师所否定，自尊心受到伤害，个性长期被压抑了。

从生命科学的角度看，每一个孩子都拥有巨大的潜能，但孩子诞生时都很弱小，生活在一个巨人的世界里，他们在生命成长过程中，都难免有自卑情绪。如果不能听到肯定的声音，那么她们就无法肯定自己，因此，作为父母，一定要多多鼓励孩子，让孩子从心里认识到自己的能力。

孩子都是在不断的鼓励中坚定自己做事的信心的。心理学也肯定每个儿童都有一定的潜能，关键是能否发现、发挥这种潜能。而“富养女孩”，就要求父母做这种挖掘工作。

一位教育家说了这样一件事，他在美国看马戏，曾经看到了这样的场面，一头身挂很多玩具的牛，在舞台上来回走动。主持人向观众席中的小孩子们说，愿意上台摘玩具的孩子，只要把玩具拿到手便归自己，另外再发奖品。

话音刚落，就有几十个孩子走出来，而在座的家长为自己上台的孩子鼓掌。很多孩子在拿取牛身上的玩具时表现的勇敢和机灵，博得全场一阵阵热烈的掌声。孩子们在父母亲的掌声中增强了勇气和信心。

最后这位教育家说：这种积极进取、不畏艰险的精神，是由会鼓励孩子的家长培养出来的。

的确如此，至今为止，尚未发现任何方式，能够比关怀和赏识更能迅速刺激孩子的想象力、创造力和智慧。

德国的心理学家阿德勒说他在读书时，数学考试经常不及格。他认为自己完全缺乏数学才能，毫无学习数学的兴趣。后来有一天，他出乎意料地解出了一道超级数学难题，老师对他大加赞赏，同学们也都对他很是赞佩，这次成功改变了他对数学的态度，找到了“数学天才”的感觉，结果他成了学校里的数学尖子。

一次鼓励，让阿德勒的潜能迸发出来了。常识教育的奥秘就是让孩子觉醒，推掉压在生命上自卑的无形巨石，于是孩子的潜能像火山一样爆发了，排山倒海，势不可挡。所有的学习障碍在孩子巨大的潜能面前，都显得如此微不足道。

如果孩子们无法体验胜任感，也就无法体验成功。所以，西方一位教育学家指出："其实所有的孩子生来就是天才，但我们却在他们生命最初的6年磨灭了他们的天资。"为了发现、发挥女儿的潜能，家长应该认识到孩子的潜能，多多鼓励，让女儿最后走出精彩的人生。

开发女孩的表现潜能

富养真经

FU YANG ZHEN JING>>>

"富养"，就是要给女儿充足的养料，让女儿健康自信，因此，开发女儿的表现潜能是一种非常好的"富养方式"。任何一个女孩子都有巨大的潜能，父母只要相信孩子，给她积极的提示，让她勇于表现自己、表达自己，那么她就会完成一切她想做好的事情。

每一个女孩子都非常具有可塑性，每一个女孩子都具有巨大的潜能，只要父母们能够挖掘出那些潜存在她体内的能力，让她相信自己，那么即使是丑小鸭，也会变成白天鹅，即使是灰姑娘，也会成为白雪公主，这不是神话，而是教育规律。

当然打开女孩潜能宝库的钥匙只有让她充满自信，而让女孩自信的方式有千万种，这里就介绍如何开放她的表现潜能。对于孩子来说，不善于表现，通常都是自信不足。因为孩子正是需要价值感和满足感的时候，如果她不善于表现，除了不自信，那么就没有别的道理可以说了。所以，我们要开发孩子的表现潜能。

她有一个非常美丽的名字——水晶，可是她长得实在有些对不起父母，这是她妈妈经常说的话，她因此而非常自卑。

上小学时，一些调皮的孩子们管她叫丑小鸭，她虽然哭了一天一夜，不想去上学，可是最后还是认可了这个名字。因为爸爸说：丑小鸭也会变成白天鹅，就看你敢不敢展翅高飞。爸爸的鼓励很特别，但是让水晶感到很温暖，因此，她活得非常快乐。

上初中的第一年，因同学开玩笑说会选水晶当班长，她就回家对爸爸说，她想竞选班干部。妈妈很惊讶，刚要反驳，但是爸爸给她使了个眼色，不让妈妈说话。爸爸微笑着对水晶说："你去努力吧，想想怎么获得同学们的支持，你会成功的，也许这正是你变成白天鹅的时刻！"

水晶信心满满，更加积极地表现自己，经过半年的努力，她在同学中树立了威信，在竞选中，她如愿当选了班长。

到了初中二年级，水晶想参加芭蕾比赛，因为芭蕾一直是她最喜欢的舞蹈，以前，妈妈怕影响女儿的学习，阻止过她，但是她一直在偷偷练习，而且获得了爸爸的支持。爸爸得知她要参加芭蕾比赛，就说，孩子，尽力做你喜欢做的事吧。水晶参加了芭蕾比赛，虽然她的舞姿不是最美的，但是评委还是被她的自信和完美的表现力打动，给了她最高的荣誉。水晶又一次成功了。

风雨送春归，飞雪迎春到。
已是悬崖百丈冰，犹有花枝俏。
俏也不争春，只把春来报。
待到山花烂漫时，她在丛中笑。
——毛泽东《卜算子·咏梅》

什么是穷养？水晶妈妈的方法就是穷养！什么是富养？水晶爸爸的方法就是富养！为什么要这样说？爸爸一直在给孩子富足的养料，让孩子充满自信，而妈妈则正相反，她总是打击她。如果没有爸爸，可能水晶成功的希望非常渺茫。

开发孩子的表现能力，也是一种富养方式，每个女孩子都有优秀的一面，而且即使她现在并不优秀，也并不代表她没有能力，很

可能只是没有被开发出来而已。

那么，到底该怎样开发女儿的表现潜能呢？

第一，相信女儿。

我们从水晶的事例就可以看出，她的爸爸没有给她任何的物质帮助，只是简单的几句话而已，但是这几句话却传达了一个重比千钧的信息，那就是相信女儿会成功，这就是秘诀。作为父母，我们并不需要教女儿如何去做事情，只是给她一种积极的心态，使她不断进取，以至心想事成。家长的这种信念对开掘女孩子的潜能来说，是至关重要的。因为女孩子通常会从关系中解读自己。

第二，父母要为女儿创造表现能力的机会。

父母的社交比较广泛，可以多带女儿出去，与人交流，主动表现自己。

第三，让女儿主动展现自我。

父母可以根据孩子自身所表现的爱好、兴趣，用不同的方式去帮助孩子。孩子施展自我的机会越多，智力将得到更大的激化，同时，也能帮助孩子建立更好的自信心。

第四，让女儿大胆表达自我。

在女孩子的童年时期，大胆表达自我，是一个值得无数次重复的主题。这也是培养孩子性格的一门至关重要的课程。

但是，如果女儿过于直言不讳、过于与众不同、过于显眼，那么父母们可能会为女儿的安全担心，多数父母很难耐心倾听女儿的观点、感受、抱怨、不一致的意见和想法。

因此，一般的父母，特别是母亲，会要求女儿表现得可爱、顺从和安静，许多女孩子从小受到这样的教育：如果她们没有要求和异议，她们的人际关系将会更和谐。但是，她们的“主见”被父母剥夺了，她们也完全失去了自我，失去自尊和勇气，这对于孩子是一种束缚，是一种折磨。

“富养女孩”，就要让孩子表达自己的想法和观点、担心和喜悦，教她们对约束说“不”，去争取自己的权利，去反对社会偏见，对暴力表示愤怒，而不是保持女性要安静和奴性的世袭传统。

当然，父母必须率先示范，特别是母亲，只有母亲是个善于表达的人，她的这种积极的生活态度为孩子作出了榜样，女儿自然而然地就会去模仿和追随这种行为和态度。

另外，孩子作出的每一点进步，都要给予她肯定和赞赏。早期的努力基于孩子个人的信念，而父母对于女儿接受新挑战的积极态度，会更增加她的信念。通过父母的言行，可以传达一个重要的信息，这个信息可以激励并保持孩子的表达态度，它就是：“你可以做到。”

著名的心理学家马丁·塞利格曼在研究中发现，即使孩子天生不具备表达自己的习惯，也是可以培养的。当女儿不敢表达自己的时候，不要误以为她只是稚气未脱，或戏称她胆小如鼠。要想提高她的自信和勇气，就要教她如何走出自我。父母可以帮助她熟悉陌生的事物，勇于面对害怕的场面。

未来社会的竞争是一种综合实力的竞争，家长要多方面开发孩子的表现潜能，让女儿永远相信自己，自己就是创造自己美好世界的那个女神。

第六章

女孩独立日

——“精心”培育其自主的能力

只有独立意识强的女孩，才能抵制住“捷径”的诱惑，不去依傍他人，不放弃个人努力。为人父母，都希望女儿能够如此，这就需要培养孩子独立自主的精神，让孩子自小就拥有独立的想法和做法，并能注重长期的发展目标，能通过自己的努力来创造成功和幸福。

从那一天开始一切由她做主

富养真经
FU YANG ZHEN JING >>>

当女孩有了自己的独立日，才成为了她自己——一个真正的公主，而不再是别人思想的随从，一个戴着公主桂冠的虚假的影子。同时，只有独立，她才能释放出自己的潜力，“富养”的真实含义就在于此。

日本教育家涛川荣太说：“作为父母，必须去培养那种依靠自己的努力、自己的感觉、自己的兴趣来争取成功和幸福的人，从而要求自己必须成为刚毅、勇敢的人。”作为女孩子，也需要有自己的独立性，如此，才能追求属于自己的幸福。而那些被父母娇惯的女孩子，当需要自己解决问题时，总是一筹莫展。

“我从来没有认为我是一个娇生惯养的人，因为我能吃苦，自己工作赚钱，并没有依赖父母，可是最近，我的单位效益不好，我正面临下岗，而且我跟丈夫也出现了矛盾。我发现我竟然一点解决问题的办法都没有。”35 岁的王女士向自己最好的朋友哭诉道。

王女士的成长过程可以说一直是一帆风顺的，因此，她的朋友安慰道：“也许你以前太顺了，所以难以经受挫折，其实人生难免有挫折，但是挫折并不是难以逾越的鸿沟，总会有解决的办法的。”

“不，你不了解，我现在有一种非常无助的感觉，这使我更想念去世的父亲。其实，我之所以一直很顺利，就是因为父亲代替我做了所有的事。小时候，我读书，他送我到学校，大一些的时候他给

我买了自行车，并且每天都检查车胎是不是漏气。毕业以后，他给我找了份稳定的工作，并且给我找了男朋友，还帮我们买房、装修。我原来从来没有想过这个问题，可是现在我终于明白，我从来没有自己做过什么事情。现在父亲去世了，我就像失去了灵魂一样，整天浑浑噩噩，不知道该怎么办。"王女士说到这里，又哭了起来。

有什么解决的办法呢？对于王女士来说，她的一生从现在才开始，但是35岁这个年龄，再想独立，太难了！可以说，她是一个遭遇了父亲"穷养"的一个悲剧性的女性。

在孩子的成长过程中，有一个心理发展关键期，错过了这个时期，以后再想培养某种能力，就会非常艰难。对于独立性来说，在孩子童年有了自我意识时，就需要培养，如果像王女士这样，在不得不独立的35岁再培养，就已经太晚了。

传说的童话中的女性总被描绘成无依无靠的弱者，需要王子、圣母或其他男性来营救。我们甚至还为此准备了一个成语——英雄救美，这种童话对女孩子的影响是深刻的，许多女孩子在长大后委身于权贵，不执著于自身进步，在很大程度上是受了这种靠人援救的思想的影响。

我没有路，所以不需要眼睛；
当我能够看见的时候，我也会失足颠仆，
我们往往因为有所自恃而失之于大意，
反不如缺陷却能对我们有益。

——莎士比亚《李尔王》

而传统的"富养女孩"的思维更是注重女性以男性为主导，它主张：女性在事业上有成就的机会有限，只有依傍男性，才有可能有幸福的生活。这使很多女孩子都有"好风凭借力，送我上青云"的思想，完全没有挖掘自己潜能的行动，把全部心思都放在如何讨好男性上。

我们新的“富养女孩”的教育理念，不赞同这种做法，为什么？靠山山有倒的时候，靠水水有干的时候，那些外界的因素，我们永远做不了它的主，只有自己才是自己的主人。也就是说，我们在童话中给女儿建立的幻想在生活中是不存在的。王女士的遭遇就是一个最好的证明，没有王子会来救她了。因此，我们的理念是：只有培养女儿的独立性，才不至于让孩子有无助的感觉。

这不是毫无根据的。据美国大学妇女联合会的研究，非洲裔美国女孩子在青春期时不像白人或西班牙裔女孩子那样明显地体验到自尊心的下降。为什么会形成这种差异？这里有好几种解释，最主要的原因是非洲裔女孩子以她们的母亲——经常是单身母亲——作为自己未来的角色模型。非洲裔美国社区还属于一种母系社会，也就是说，由妇女将家庭胶合在一起。而且，生活在非洲裔美国社区的人们依然处于困顿之中，他们的家庭经济条件相对较差，因此，白人社区那种男性挣面包，女性看家的传统，在这里没有一点影子，他们每个人都要出去寻找“面包”，才能支撑家庭生活的运转。

从童年起就在这种环境中成长的女孩子便知道一切只能靠自己——她们的教育里，根本就没有怎样去寻找一个男性来挽救自己的原则，否则她们不得不从属于男性。就因为这样，非洲裔美国女孩子可能更坚强和独立。

当然，很多人认为，对女孩子的教育并不会如此简单，稍不留意，就可能让孩子成为一个没有男人愿意接近的女强人，而那同样会使孩子一生都很痛苦。

但其实，对于女孩的父母来说，我们必须反思：透过目前的文化镜头看女孩是不是对待她们的最佳方式？社会正处在男性框架结构中。当社会以男性为规则的标准取向，女性就不得不向这一标准靠拢，而我们看待女孩子的教育时，也会朝着这个方向努力。

为什么女孩子变成女强人之后没有男人愿意接近？因为在我们的意识里，她已经变成了一个男性化的女人。社会对男性的要求是

什么？是责任，是坚强！而社会对女性的要求是依顺，是温柔。这就是我们对男女的看法，正是这样的看法让我们认为：变成了女强人，负起了责任，变得坚强，就已经不是女人了，也就是说，会没有男人愿意接近她。

但事实并非如此，很多很有责任感，又非常坚强的女性，她们同样很有男人缘，因为她们有自我的独特的魅力所在，只是我们把“女强人”的概念定义在了不受男人欢迎的“有责任感并坚强”的女性身上，因此，这只是我们概念上的一种偏颇，而不是事实真相。

我们有这种想法完全可以理解，因为男性文化成为我们社会的主流，而女性一直不断地同自己的内心做斗争，她们不再听从内心的声音，而是借助外界的力量来决定自己做什么。因为受到这种文化的浸染，女性便没有了独立意识，也就没有了自我。

但事实是，女性，每一个人都曾经有过纯真的自信的想法，只是在成长的过程中，她们选择性地抛弃了它，这通常与父母的教育有关。如今，我们已经成为父母，对于女儿的教育，就不应该再走入这样的误区，作家王小波颇有深意地说：“人们只是小心提防着不要做小人，至于怎样不做女人这个问题一直没有解决。”当传统的文化让女性在潜移默化中背弃自己的天性，父母应该从这种传统中苏醒，来选择一条让女儿可以过得更健康、快乐、舒畅的路。

美国著名的教育家、作家艾里姆夫妇建议：作为父母，要倾听女孩的“真实意图”，让女孩根据自己的“内部指导系统”而不是别人的意见来决定自己的发展。这是培养女孩子独立的关键，女孩要学会“倾听自己内心表白的信号”，理解自己“内在的欲望”。

人生需要独立完成，如果想让自己的女儿幸福，就必须培养她独立的能力。因此，当孩子开始划定自己和世界的界限的时候——有了“你的”，“我的”的概念的时候，父母就要选定一个日期，向女儿宣布：今天就是你的独立日。

何时帮助女孩要三思

富养真经 FU YANG ZHEN JING >>>

尽管女孩比男孩有更多的安全问题，但“富养女孩”，依然提倡尽量少帮助女儿。不帮助女儿，并不意味着不爱她，相反，恰恰是爱得深远的一种体现。因为只有放手让孩子自己尝试，才能培养起她的独立精神。

几乎所有的父母都认为：女孩就是娇嫩的象征。因此，她们并不愿意女儿受到任何的磕碰。比如，让孩子走路，不愿意看到孩子跌倒，一旦孩子跌倒，便如同遇到了天下大事，惊慌不已，生怕孩子有什么闪失。

女孩子可以娇嫩，但不可以娇弱。“富养女孩”的理念警告所有的父母，何时向女儿伸手，何时搀扶帮助女儿，要三思。

马卡连柯是苏联著名的教育家，他曾经遇到了一位来咨询教育方法的家长。

家长问：“我的孩子现在什么都做不了，而且还不服从管教，这到底是为什么？”

马卡连柯反问：“你经常给孩子叠被吗？”

家长：“是的，经常叠。”

马卡连柯又问：“你经常给孩子擦皮鞋吗？”

家长：“不错，经常擦。”

马卡连柯说：“原因就在这里。”

你什么都帮助她，她还能做什么？除了不服从管教，别无能事。

蒙台梭利说得好，要让孩子:“懂得自己照料自己，他不用帮助就知道怎样穿鞋子，怎样穿衣服，怎样脱衣服。在他的欢乐中，映照出人类的尊严，因为人类的尊严是从一个人的独立自主的情操中产生的。”

几乎所有的教育都在告诉我们：不要轻易帮助孩子。孩子在学走路时，就已经有了自我意识，有了征服世界的决心，比如，她们可能非常愿意爬爬台阶，但是我们父母总是用自己的语言和行为告诉孩子：你是女孩，没有能力挑战。

比如，一位家长对待要爬台阶的女儿说:“乖乖，那太危险了，你不能爬。”这话给女儿的暗示是“我没有能力”。另一位家长根本就不让孩子爬，她说:“你是女孩子，怎么这么顽皮?”这话给女儿传达的信息是“女孩没有能力”。还有的家长会在孩子爬台阶时，忍不住要搀扶她，嘴里不停地说:“小心，小心，危险。”这种行动虽然可以说是让女儿进行了尝试，但是这话还是在暗示孩子:“没有父母的帮助，我可能很难避免危险。”不管哪一种方式，都是在限制孩子的探索，损害女儿的自信，阻碍孩子的自我能力发展。

> 不是不想爱
>
> 不是不去爱
>
> 怕只怕
>
> 爱也是一种伤害
>
> ——汪国真《默默的情怀》

一位教育家说得好:“做父母的应当明了自己的责任，你们的责任是帮助小孩子生活，是帮助小孩自立，是帮助小孩做人。”可是我们的父母都把自己的责任理解为简单的帮助，简单的搀扶，而不是那种“放手”式的帮助。

最擅长于这种简单帮助的，可能是那些具有传统观念的父亲，因为男性的传统形象都是女性的保护神，他们有一种为女性遮挡风雨的本能，而作为父亲，这种本能似乎更加强烈。所以父亲们似乎特别喜爱处处保护自己的女儿，以满足他们作为男性的自豪。父亲们的这种倾向在言行中不自觉地流露出来，他们不但会义不容辞地去帮助女儿做体力活儿，在遇到欺凌时，不是让孩子自己处理，而是立刻站在她的前面，保护她不受欺负。

父亲的这种做法无疑阻碍了女孩子独立能力的发展，因为父亲的这些做法会给女儿留下很强烈的印象，即：我是受保护对象，自始至终都是，更近一步说，我是弱者，当我遇到什么难题时，我必须要寻求别人的帮助。这样，女孩子在走上社会之后，就会不由自主地想要寻求别人的帮助，尤其是男性的帮助。

为了让孩子独立成人，父母要尽量少帮助孩子，给女儿一定的行动空间，无论多么难的事情，只要她有兴趣，那么就相信她能够做得很好。因此，有教育家说："只有父母在幼儿期'离开子女'，才能培养出孩子的独立能力。"当然，这里的离开，是指少帮助孩子，给孩子独自行动的机会，唯此，才是真正地帮助孩子。

父母需要放手的地方很多，比如，女儿喜欢上了缝纫，她开始学着踩缝纫机，我们不必担心她会搞坏，只要教她方法，在旁边监护着，让她练习就可以了，慢慢地，她就学会了。

当然，少帮助女儿，不是不帮助女儿，面对陌生的世界，幼小的她毕竟还没有掌控能力，她需要父母的指导和关爱，作为父母，我们可以不伸手，但是不能不张嘴，不能不用心。否则，就不能算作教育。

总之，凡是孩子自己能办的事都要让她自己去尝试，让孩子出马，自己退在后面，尽量少伸出手去帮助她。孩子学会了自己照顾自己，具备了自理能力，她就摆脱了成人的照顾，向自主迈出了一大步。

要帮助，更要放手，这就是我们"富养"的教育理念。值得强

调的是，在帮助孩子自立上的时间投资是很重要的。如果女孩子在要求自立的敏感期得到鼓励，“让她自己做”，那么，她就会变得比较有能力，比较自信。而孩子的敏感期多在三四岁甚至更早的时候就已经产生了，通常的表现就是，她们总是喜欢掺和父母的事情，比如，妈妈做饭，她也会跑过来要帮助妈妈择菜。这时候，我们要放手让她做，尽量少帮助她。

当然，要父母对女儿放开手不是一件容易的事情，因为对女孩来说，有比男孩更多的安全问题要考虑。但女儿将来的生活要由她独自承受，我们不可能时时处处保护她们，那么我们能够给予女儿的最好的装备是什么呢？只有培养她的能力。要知道，社会并不会因为一个人是女性就对她格外慈悲。

如果父母们总是不能够放手，那么就要这样想一想：女儿以与别人同等的资格进入社会，面临竞争，是女儿生活前景的基本保障。在每次想向女儿伸手的时候，就这样问一问自己，难道要剥夺女儿竞争的能力吗？这样，我们就能够想得开了。

女孩子也可以很坚强，很独立，心理学家曾经说过：如果在女儿还很小时，我们就像对待顽强的有能力的孩子那样对待她，她就会形成坚强独立的个性。这意味着我们父母需要约束一下自己，克服多余的担心！

我们要确保女儿的安全，但不要阻碍她探索世界的行为，更不能妨碍她独立能力的形成。在孩子们独立做事时，父母要保持冷静，在帮助她之前，要三思而后行，并且为她的努力喝彩，这样，既帮助她建立自信，又培养了孩子的独立性。

恢复女孩主角的身份

富养真经
FU YANG ZHEN JING >>>

很多人认为“富养女孩”，就要让女孩子少受磨砺，只有在优越的生活条件下，她才能够变得雍容典雅，沉静自如。恰恰相反，“富养女孩”，是要富养她的精神，要多多给予她机会，让她接触各种事情，面对各种场合，逐步磨炼她独立思考的能力，唯此，她才能成为自己人生的主角。

女孩的人生是她自己的，即使父母再有能力，也无法代替她去生活，因此，在教育女儿的过程中，要多多培养孩子的主动性，让孩子认识到自己在自己人生中的主角地位，能让她做主的，就交给她去做。

如何恢复孩子主角的身份呢？

第一，不要给孩子铺路。

为孩子“铺路”是很多家长的手法，表面上看，他们非常疼爱自己的孩子，可实际上，孩子已经在父母的呵护下，变成了机器，她们享受着一些感官上的快乐，可却因为没有随征服与挑战而得到的价值感和满足感，而时常感觉到生活的空虚和无奈。就像是能弹奏高山流水的古筝，如果只被人们供奉，而不能展示优美的旋律，那么它就会逐渐锈住，而没有了生机。

我们经常看到好多女孩子并不珍惜现在的光阴，她们经常说的一句话就是“反正我的父母已经帮助我做好了一切打算”。现在的女

孩子普遍具有依赖性，不是依赖父母，就是依赖老公，这都是因为父母在教育的过程中，有为孩子铺路的思想。

第二，尽量让女儿自己做自己的事情。我们可以回忆一下，当女儿拿着杯子歪歪倒倒地走过来时，一下把水泼在沙发上，你是否把孩子赶到一边，心疼地去收拾残局呢？与女儿将来的发展来比，那有些水渍的沙发又算得了什么？孩子早上起来自己穿衣服，却总是把袖子穿反，把裤子拧成一团，你是否会因为她耽误了时间而大声禁止她，并动手代劳呢？你是否每天让孩子自己洗脸、洗脚、洗袜子、整理床铺呢？

不让孩子做事情，可以是疼爱，但也可能是嫌孩子碍手碍脚，如果是后者，那么父母气急败坏地禁止孩子动手，或者干脆去为她服务，不但剥夺了孩子锻炼独立能力的机会，同时还摧毁了孩子的自信心。

要知道，独立生活能力是人生存与发展的基本能力，这种能力不是天生的，要从小加以培养，首先就要培养她们逐步养成自己照顾自己的好习惯。

其实，没有一个孩子不喜欢自己做事，“做”是她们对陌生世界的一种探索，是一种自我能力的测试。所有的孩子从走起就有帮助妈妈的愿望。而对于女孩子来说，因为用关系来理解社会，她们看到妈妈做事情，就想要帮助她，想要在母亲心里留下好印象，进而与母亲的关系更显亲密。

当然，如果孩子还小，独立活动能力还很差，常常会把事办糟。但父母依然要鼓励她们试一试，错误不都是坏事，如果能从错误中总结出教训，那么下一次，孩子就会做得更好。而做得越好，她也会越想做，父母们也就越放心让她去做，在这样的良性循环中，孩子的自信越来越强，其独立性也就逐渐建立起来了。

第三，让孩子摆脱羞怯心理，建立自信心。

羞怯是女孩子的一大特点，因为羞怯，女孩子总是喜欢依赖父母，躲在父母的羽翼下，不愿意探索外部的世界。

洋洋就是一个非常容易害羞的小女孩，在她很小的时候，见到陌生人就哭，洋洋的奶奶认为这不过是孩子的天性，但洋洋的父亲母亲却一定要通过后天的教育，来改变她的这种缺点。

他们不放弃任何一个锻炼女儿的机会。朋友请客，他们尽可能带上孩子；家里来了客人，爸爸总要郑重地把女儿介绍给他们。当女儿慢慢长大时，妈妈就叫她给客人泡茶。洋洋的父母还喜欢在客人面前赞扬孩子，这使得洋洋信心大增。当然，每次客人走后，父母都会告诉她在接待客人中哪些做法是好的，哪些做法需要改进。另外，妈妈到商店购物也常带洋洋一起去，并尽可能让洋洋去问问价钱。

在这样的教育环境下，洋洋的性格发生了转变，她的羞涩情绪越来越少，在待人接物方面，有了更多的主动性，整个人也变得彬彬有礼、落落大方。

我们都知道苍鹰在教小鹰飞翔的时候，甚至不惜把它打下悬崖。要高飞，就不能总是躲在妈妈的羽翼之下。孩子也是如此，如果不能很早就让她接受各种磨炼，那么可能它就会失去“飞翔”的能力。

对于羞涩的女孩子的磨炼更是如此，因为羞涩里总有自卑的因素，如果任由孩子羞涩下去，那么她的自卑心理就会越来越严重，依赖性也就越来越强，这样，她又如何能为自己的人生做主呢？

第四，让孩子自己思考问题，比如自己的学习问题，自己的交友问题等等。

通常，女孩子长大了，但她们却不知道自己想要什么，也没有能力知道如何去获得这些。小女孩的无助感变成了女人的犹豫不决和不负责任的习惯。这都是因为她们不会独立思考，不会自己做主。

机会，凭自己争取
命运，靠自己把握
生命是自己的画板
为什么要依赖别人着色

——汪国真《许诺》

父母都认为在女儿长大之前教她们一些生活的技巧是非常重要的，因为她们需要独立生存。但其实，比起这些技巧来，她们更需要独立的思考能力。

由于女孩子的大脑左半球神经末梢的发育早于男孩(女孩的语言大脑组织位于左半脑前区，而男孩子的分布在左半脑的前区和后区)，她们的交流能力要强于男孩子。而且在很小的时候，这种差异就已经展现出来，而这带动了孩子的思考能力。可以说，培养女孩子的思考能力，在孩子三四岁的时候就应该开始了。

比如，一个4岁的女孩，很想要把自己打扮成白雪公主，她需要伙伴们和她一起玩童话游戏，可是孩子们都想做白雪公主，这时候，父母就可以告诉孩子，让她自己想办法，取得做白雪公主的权利。当然，开始，她可能没有方法，因为没有如男孩般强硬的拳头，她可能站在那里哭泣，但是一定要告诉孩子，有一个更好的办法，可以让伙伴们认可她，但是必须要自己想出来。我们父母可以让孩子体会自己和别人的感受，思考接下来会发生的事情，然后再看看有没有其他的解决办法。或者通过一问一答的方式，引导孩子自己思考。这样，她慢慢就学会了独立思考，并能够自己做主，解决问题了。

总之，女孩子在很小的时候，父母千万不要向她传达柔弱依赖的信息，要告诉她：在她的人生中，唯有她自己才是主角，别的任何一个人，都无法代替她。

让她管理自己的钱罐

富养真经
FU YANG ZHEN JING >>>

真正的“富养”不是给女儿无穷无尽的东西，而是给孩子她最需要的东西。让女孩子在进入社会后有独立的经济意识和一定的经济实力，这是非常有必要的，因此，“富养女孩”，就要在孩子小的时候，就培养她正确的金钱意识，并能够让她自己管理钱罐。

很多父母认为，如果孩子过早或者过多接触钱，那么他的人生就会把钱定为核心，影响孩子品质的培养，尤其对于女孩子来说，品质高洁是一种重要的竞争力，如果被金钱浸染，那么就会变得俗气不堪，还会影响孩子的判断力。

其实，这种认识是错误的。金钱是一个不可忽视的社会元素，如果不给女孩子讲金钱的事情，那么在早期的接触中，她可能就会形成一些错误的意识。孩子们总是看到通过购买的方式，把自己喜欢的东西带回家里，当她们有了需要的时候，就希望父母给自己买回来。比如，一个12岁的小女孩要求爸爸把死去的妈妈买回来。再比如，如果孩子不知道金钱是需要辛苦去赚的，那么，她就不可能珍惜父母的劳动成果，而任意挥霍。

6岁的珍珍跑到厨房，哭着对妈妈说：“我的新积木丢了几块，搭不成了。”妈妈心疼地一边抹干孩子的泪水，一边安慰她说：“别担心，小宝贝，我们再去买。”

8岁的珍珍把自己喜欢的漂亮衣服弄坏了，她撅着嘴向妈妈抱怨道：“妈妈，新衣服扯烂了，我没有漂亮衣服穿了。”妈妈说：“孩

子，不用担心，旧的不去，新的不来，妈妈给你买一件更漂亮的。”

长大后的珍珍，认为妈妈的金钱可以买来一切，她对什么东西都不在乎，不用说衣服物品，就是一些重要的物件，她也是随买随丢，因为她相信：旧的不去，新的不来。

尤其是，珍珍的工资并不高，但是她却总是在领到薪金后的几天内，把钱花个精光，然后回去对妈妈说：“妈，我手头紧，可不可以支援点儿？”

爸爸妈妈都已经退休，可是却还要承担珍珍的生活费用，生活非常紧张，妈妈开始抱怨女儿乱花钱，更担心积蓄花完之后女儿会怎么样。

错误的金钱意识，让珍珍喜欢乱花钱，对于物品不够爱惜，同时，小时形成的习惯，让珍珍在金钱上学会了依赖父母。因此，为了不让自己女儿的金钱意识不致太晚形成，不如及早告诉她什么是钱。尤其是让孩子自己学会管理钱，不但培养孩子的勤俭意识，同时对于孩子独立性的培养也很有帮助。

现在，由于人们的荷包大多很丰满，对孩子的要求常是有求必应、无求也应，不惜给孩子买来各式各样的高档玩具、时髦流行的高档衣服，父母的虚荣心得到了满足，孩子的攀比心理也逐渐形成。尤其是女孩子，由于非常重视外在的形象，这种虚荣和攀比的心理就更严重，这会严重地影响孩子的身心发展。

同时，从小在钱堆里长大的女孩子会过度重视物质享受，缺乏刻苦奋发的毅力和精神，即使父母们苦口婆心地告诫要独立，但是她们还是不由自主地选择依赖，因为她们害怕被现代社会无情的竞争淘汰，同时，又忍受不了外界存在的太多的诱惑。如果父母满足不了自己的虚荣心，那么她可能就会赌上自己，利用自己的外在形象来钓取更多的物质。

无论是从培养孩子的品质来说，还是从培养孩子的独立性来说，都应该尽早让孩子学会管理自己的钱罐。培养孩子正确花钱，有以下几种途径：

第一，教女儿学会储蓄。在女儿小的时候，可以给她设一个储钱罐，告诉她：这个银行不会把她的钱拿走，而是为她保存起来。并鼓励她把钱存到家庭银行，让孩子体会到金钱储蓄的快乐。如果条件允许的话，我们也可以以女儿的名义在银行开个账号，让她保存自己的存折。在孩子提出合理的要求，而花费又比较大时，就可以动用她的储蓄。具体做法是：在家庭会议中获得认可后，父母可以出大头，孩子也从她的积蓄中拿出一点，共同满足她的这一需求。这样，孩子觉得其中有自己的功劳，会特别高兴，并进一步培养节约积蓄的良好习惯。这样，随着孩子的逐渐成长，父母可以放手让孩子自己管理自己的账户，减少孩子对父母和父母物质财富的依赖性。

第二，在女儿五六岁的时候，就可以给孩子零用钱，但是数目不要太大，且相对固定。在给孩子零用钱的时候，首先要告诉她这些零花钱该花在什么方面，怎么花，然后让孩子做一个计划，并监督孩子严格按照这个计划行事。如果孩子把当月的零用钱提前花完，又向父母伸手要钱，父母就要先问明情况，再决定给不给、给多少，并相应减少下月的零用钱。

很多父母，特别是那些财大气粗的父母认为这未免显得小里小气，这样的教育方法也有小题大做之嫌，但其实，只有这样才能够教会女儿节制自己，也才能让女儿在经济上独立。当然，孩子真正需要的额外开支，做父母的理应尽量予以满足。比如，学校组织的一次远游活动，父母就完全可以痛快地把旅费教给孩子，但是不要让女儿与其他的孩子攀比谁的东西好，谁带的钱多。

第三，让女儿想办法通过自己的努力来增加自己储蓄的金额。比如，可以让孩子参加家庭劳动，也可以为鼓励孩子达到某个目标而设立某种有意义的奖项。这样，女孩子会深刻地体会到赚钱的辛苦，同时也爱上被认可的快乐。在未来的人生之路上，她们会更多

地选择通过自己的努力来获取自己需要的东西，而不是依赖别人。

第四，让孩子自己去购物。当然，开始，可以让她买自己的东西，不但锻炼了孩子的计算能力、应变能力，同时，还有利于孩子养成爱惜物品、勤俭节约的好习惯。慢慢地，当家庭需要购物时，也可以请女儿代劳，并让孩子对所购物品发表自己的意见，比如，买哪一种物品更经济更实惠等。

久而久之，女儿就会形成一种理智而独立的购物习惯，同时，她会通过提高自己的能力来满足消费需要，而不是依赖别人。

总之，孩子不是成熟的消费者，大人的关心和引导是十分必要的。这种干预和引导的出发点应该是促进孩子成长，让女儿早日形成经济上的独立意识，以便能更好地适应社会。

支持女孩自己做决定

富养真经
FU YANG ZHEN JING >>>

独立作出正确的决定也是女孩子的一大魅力，因此，“富养女孩”，就要多给女儿自己做决定的机会，并指导女儿如何作出正确的决定。只有把自主权交给女儿，才能够有效培养她的独立性。

由于传统社会给女孩子的定位是相夫教子，因此，很多女性根本没有自己的主见，她们自己不敢做决定，总是要听命于别人。现在仍然有很多家长对女孩子实行这样的教育，但是现代社会对女孩子的要求更高，很多时候，女性必须要独立完成任务。为了适应这样的社会，父母在培养女儿时，要多支持孩子自己做决定。

一位成功的女性如此回忆道：

“从小到大，我不记得我的父母为我作出过什么决定。他们总说：‘你是一个非常聪明而又理智的女孩，我们相信你能作出符合自己长远利益的决定。’开始的时候，我非常不理解，我认为他们没有‘行使好父母的职责’，因为就我当时的经验，别的孩子从父母那里得到了更多的帮助，而我却只是得到了父母这样简单的一句话而已。但在走上社会以后，我发现，父母的这种教育方法帮了我大忙，无论面对多么大的难题，我总是能够自己做决定，而不是等待别人的救援，我当然会听别人的见解，但我不会为别人的意见所左右，停滞不前。我早已学会了怎样处理矛盾和冲突。同时，在我的家庭里，我们经常讨论难题，也不害怕面对冲突，我们的每一个成员总是在作出选择而不是等待。可以说，父母的这种教育方法确实对我起到了帮助作用，因为我对自己的能力和作出正确选择的能力充满信心，并且我无数次听到过夸我聪明而理智的话，我确信自己是这样的。”

可以说，孩子的可塑性非常强，借用阿基米德最著名的杠杆理论的话说：如果给孩子一个支点，她可以撬动整个世界。别以为女孩子没有这样的能力，如果在孩子长大以后的确不具备这样的能力，那只能说父母在孩子小的时候，把她的这种能力给扼杀了。为了避免自己成为女儿不能独立的罪魁，父母在孩子小的时候，一定要让孩子自己做决定。

英国有一份专为孩子办的报纸，那就是著名的《泰晤士晨报》，该报拥有分布在世界各地的三四千名9～15岁的小记者。这些小记者们揣着记者证四处巡游，遍访千家，他们经验丰富，具有不次于成人记者的水平。在采访中，他们表现得十分老练和超乎寻常的大胆和坚韧。英国首相撒切尔夫人就接受过这些小记者的采访，这些小记者对她无所不问，有些问题令撒切尔夫人忍俊不禁，而有些问题又让她变得异常严肃。她承认：面对这些小记者，她丝毫不敢大意，稍有疏忽，就有可能被她们带进陷阱里。

这些小记者还大胆地去采访世界名流。这里面有一个叫朱丽叶的8岁女孩，在一次集会上，她毫不犹豫地推开拥挤的人群，去采访摇滚乐歌星乔治。她问这问那，面对这样一个顽皮的小女孩，乔治有点不耐烦，他戏谑道："快些，快提出你真正的难题吧！"小朱丽叶却自信地回敬道："这应该由我决定！"

多么成熟、大胆的回答！多么自信、勇敢的孩子！相信我们所有的父母都为这句话所折服，谁不希望自己的女儿也能够有这样的自信，能够决定自己的一切？可是，想想我们的孩子，我们几时给过她们做决定的权利呢？

父母常常低估女儿的能力，但在有的方面他们却又对孩子抱过高的期望，这等于把他们的高要求强加于孩子们的头上，使孩子更不敢自己做决定。比如，我们通常强迫女儿吃我们为她们准备好的东西，因为那是父母认为最具营养的，而不允许孩子自己选择自己的食品。

爱，不要成为囚
不要为了你的惬意
便取缔了别人的自由
——汪国真《淡淡的云彩悠悠地游》

当然，父母们的理由也很充分：孩子小的时候，没有判断力，如果完全按照她的喜好，那么很容易形成偏食的习惯。我们要讨论的不是这个问题，而是一个能否让孩子决定的问题，让孩子自己选择，绝非让她任性妄为，而是要培养她正确决定的习惯。为了更好地理解这一点，我们举一个例子。

一个三口之家到餐厅用餐，服务生先问母亲要点什么，母亲点完菜后，轮到父亲点菜，之后，服务生问坐在一边的小女儿："亲爱的，你要点什么呢？"

小女孩不确定地看了看服务生，服务生微笑着看着她，仿佛在鼓励她说出自己的想法，于是，小女孩怯生生地说："我想要热狗。"

话音刚落，母亲就非常坚决地说："不可以，今天你要吃牛肉三明治。我已经为你点好了。"父亲在一旁补充道："再给她一点生菜。"

这位服务生没有理会父母的提示，他目不转睛地注视着女孩问："亲爱的，热狗上要放什么？"

"哦，一点儿西红柿酱和黄酱，还要……"小女孩停下来怯怯地看一眼父母，她可从来没有自己做过决定，然而她看到了服务生信任的微笑，他在耐心等着她的回答。小女孩最后坚定地说："还要一点儿炸土豆条。"

"好，谢谢。"服务生转身径直走进厨房，留下两位半张着口，吃惊不已的父母。要知道，他们从来没有听过女儿如此坚定的回答。

如果让我们做一道选择题：这对父母和这位服务生，哪个更爱这个小女孩？可能大多数人都认为是父母，理由很简单，只有父母才能够替孩子全面考虑。可是就这个案例来说，这个服务生带给女孩的，不单单是平等，还有自信，当他让女孩子独立作出自己的决定时，孩子受到了尊重，自我意识逐渐增强，同时也看到了超出父母之外的独立的自我价值。这对孩子的成长来说，是多么难能可贵的"养料"啊。因此，富养女孩，我们更倾向于那位服务生式的对待孩子的方法——尊重、民主，这样的方法更有利于孩子独立性的形成。

父母必须让女儿学会自己做决定。同时，父母必须让孩子知道自己对她有信心，相信她们的能力。

当然，几乎所有家长都希望自己的女儿独立，他们不愿意去损伤孩子的自立愿望，或损伤她们独立解决问题的能力。但不幸的是，对孩子无意识的伤害俯拾皆是。而父母们的理由通常都是爱孩子，为了孩子好。因此，本书提示天下的父母：要有意识避免过分保护，给女儿机会，让她独立决定自己的事情，并支持和引导孩子作出正确的决定。

让女孩对自己的行为负责

富养真经
FU YANG ZHEN JING >>>

目光短浅的养育不能算做“富养”，只有高瞻远瞩，才是真正对孩子负责。而让孩子从小就对自己的行为承担责任，就是一种高瞻远瞩的教育方法，尽管可能让孩子因此而忍受一些痛苦，但是这可以使孩子避免未来更大的痛苦。

由于有依赖性，女性通常在决定事情时，具有一种无力感，同时在出现错误时，也不愿意为之负责任。因此，“富养女孩”，还要求父母让孩子在很小的时候，就能够对自己的行为负责。

一个大雨滂沱的早晨，一位妈妈用自行车推着自己的女儿，艰难地走着。就快要到学校的时候，女儿忽然喊叫起来：“呀！妈妈，你没给我戴红领巾吧？糟了，老师今天要检查的，都是因为你，快给我回去拿，迟到了你要负责！”

这位可怜的妈妈叹了口气，无可奈何地调转车头，一边擦着满脸的雨水，一边自言自语：“是呀，我怎么给忘了呢？”而她的女儿仍旧不依不饶，冷漠严酷地责备着妈妈的粗心，俨然一副“小公主”的派头。

没戴红领巾，到底是谁的责任？迟到了又应该由谁负责？这位妈妈可能从来没有想过这个问题，那么，父母们，你们想过吗？处处替孩子着想，到底是爱孩子，还是害孩子？小公主的美，不在于处处有人伺候着，在于独立的气质。

纵观我们周围，不少父母常常抢去孩子承担责任的机会。比如，孩子打坏别人的玻璃，最常见的是让孩子道个歉，回家写作业去了，父母留下来处理。都说现在的孩子没有责任心，如此教育的方法——反正无论作出什么样的事情，都有人在后面收拾烂摊子——孩子又如何能有责任心呢？

要知道，父母包办得越多，女儿的独立能力就越差，其实让孩子为自己做错的事负责，比替她负责更重要。因为孩子在改正自己的错误中悟出的做人道理会终身难忘。

学校组织了为期两天的野营，去之前，组织人员为学生们介绍了营地情况，并为她们的准备工作提出了建议。

薇薇回到家，兴奋地把这个消息告诉了妈妈，妈妈问薇薇是否需要帮忙，薇薇骄傲地说：“我会照顾自己。”妈妈很高兴薇薇作出这样的决定。

临走，妈妈检查了薇薇准备的行李，发现她没有带上足够的衣服，因为山里要比平原冷得多，显然薇薇忽略了这一点。同时，她发现薇薇一直强调的手电筒也没有带，这可是野营时候经常要带的东西。但是妈妈并没有说更多的话。

薇薇高高兴兴地走了。

两天以后，薇薇回来时，妈妈问薇薇：“怎么样，这次玩得开心吗？”薇薇说：“玩得倒是很好，只可惜我的衣服带得太少了，而且由于我没有带手电筒，每天晚上我都要向别人借手电筒才能够走出去，这两件事搞得我有些狼狈。”

妈妈问道：“是不是没有想到山里会比平原冷多了？”薇薇点了点头。妈妈又说：“没关系，有了这次教训，你下次就会考虑得更全面了。”薇薇自信地说：“是啊，下次再去，我就知道该如何做了。”

妈妈又问道：“如果下次你是去南方野营，也带同样的衣服吗？”

“不会的，南方很热。妈妈，我有举一反三的能力，无论去哪里，都应该先了解一下当地的天气情况，再做决定，对吗？”

“是的。”妈妈微笑着肯定了薇薇的说法。

“那手电筒是怎么回事呢？你不是一直在强调它吗？”

“这纯粹是个失误，那天，我把手电筒放在了包的旁边，可是正好小方来找我玩，我没有收拾完就去了，结果把手电筒忘掉了。我想，我下次野营时应该先列一个单子，就像爸爸出差前列单子一样，并且在整理的时候，不要光想着玩，这样就不会忘掉东西了。”

看了这样的故事，父母们总会受到一些启示：孩子的事情，一定要让她自己承担责任，她才能够有记性，保证下次不再犯。同时，也只有让孩子对自己负责，她才能够完全独立。这种教育方法就是卢梭所说的“自然后果惩罚法”，就是让孩子接受自己做的事情的结果，只有认识到这种结果的恶劣性，她才能够在意识里改正自己的一些坏习气。这是孩子的一种自我管理方法。

很多父母都做不到这一点，他们认为，这太心狠了，对孩子不公平。尤其是对娇弱柔嫩的小女孩，又如何能够使用这样的方法呢？一旦孩子受到伤害怎么办？当然，如果看到孩子很危险时，我们依然要让孩子承担后果，那也不叫教育了，只是，这种危险不会经常发生，在孩子的成长过程中，更多的只是一些小事情。

我们要从细枝末节来教育孩子，让孩子对自己的行为负责。比如，孩子摔倒了，我们先不要搀扶孩子起来，而要让孩子看看究竟是什么使她跌倒，只有这样，为自己负责，她下一次才不会再出现同样的错误。

可是，我们是怎么做的呢？刚学走路的孩子被椅子绊倒了，做母亲的走上去扶起孩子，一边拍打着椅子一边哄骗着女儿：“宝宝不哭，都是椅子不好，妈妈打这个坏椅子。”妈妈只是要哄那个满脸泪痕的小公主罢了，殊不知，这样却让孩子学会了推卸责任。摔倒本是孩子自己走路不小心造成的，与椅子没有任何的关系，如果说摔倒了要由椅子负责，那么别的错误就可以由别的人或者别的物品来负责，如此一来，孩子就会失去责任感。

孩子自己产生这样的想法没有什么错误，但是我们的教育让孩子产生这样的想法就大错特错了。“富养女孩”，就是要所有的父母都反省一下，到底怎样对待孩子，才是最好的；“富养女孩”，也让所有的父母自问一下，到底如何对待孩子，才不会显得目光短浅。

从小就让孩子为自己的行为造成的结果负责，尽管目前显得有些狠心，但却是一种高瞻远瞩的教育方法，值得父母们信赖。女孩子只有能够对自己的行为负责，才能够为自己的未来负责，能够为社会负责。

第七章

性格完善之旅

——在培养好性格上做足功夫

性格形成有天生的成分，但更容易受后天的教育因素影响。培养一个性格完善的小公主，父母必须早下功夫。学龄前时期女孩子的语言和动作都已经发展到一定水平，有了一定的独立性和自我意识，但是还没有形成稳固定型的性格。父母要抓住这个萌芽期，注意孩子同情心、热情、平和、坚毅等方面的培养，同时还要了解孩子的性格缺陷，时时在意、处处留心，在每件小事上一点一滴地约束孩子的言行，在潜移默化中雕塑女儿的完美性格。

让女孩永远有平和的心态

富养真经

FU YANG ZHEN JING >>>

每一个女孩子都是可塑之才，“富养”的内涵就是要挖掘女孩子潜藏的能量。而让她保持平和的心态，有助于对她潜能的开发，有助于她性格的完善。这既是一种情商的培养，同时也是一种智慧的培养。

一位作家说:“谁会不爱一个平和的心灵，一个心若止水、不愠不火的生命?”的确，对于一个女孩子来说，可以不聪明，可以不美丽，但是不能不平和。平和是女性温柔与灵性的特征，它远远超过了权势、财富、名利的意义，因此，“富养女孩”，要让孩子永远有平和的心态。

所谓平和，就是遇到事情，在情绪上要尽量保持平静，不要有太大的波动；在得失方面不要太在意，重要的是整个参与的过程。

著名作家邓刚先生培养独女平和心态的故事或许能给我们一些启示。

女儿上小学了。一天，她放学回来，像小鸟一样飞进家门，还一边喊着：

“爸，我们学校一千多人，选几个打鼓的，我初选被选上了!”

女儿满脸的自豪，母亲见此，马上高兴地说:“咱们女儿太厉害了!”女儿又把目光转向了父亲邓刚，邓刚也赞扬了女儿一番，但同时，他想到，学校最终只用 12 个学生，在初选的 22 个人中，最后肯定要淘汰一批。估计自己女儿99%要被淘汰。为什么呢？因为女儿个子非常高，同龄的小朋友几乎没有能和她等高的，这样，如果12个孩子在一起打鼓的话，她像羊圈里跳出个骆驼来似的，非常不协调。邓刚为女儿感到紧张，他怕女儿经受不了这样的挫折。

接下来的日子，女儿每天都很用心地练习打鼓，吃饭的时候手拿两根筷子敲，做作业的时候用钢笔敲，走路的时候就用两只脚来敲。她跟爸爸说话时，也念着拍子："三三四四。"邓刚笑呵呵地重复着女儿的话："好，好，三三四四。"眼看女儿打鼓入了迷，邓刚更加担忧。

每天下午放学后，女儿都要在学校打两个小时的鼓才回家。每到女儿快回家的时候，邓刚就有些坐立不安，他生怕女儿回来说"我被淘汰了"。直到女儿又像鸟儿一样飞回家，邓刚一颗悬着的心才落下来。听着女儿自信的声音："爸爸，我告诉你，不但有三三四四，还有二二三三呢！"邓刚乐呵呵地说："太好了！太好了！"

或许，事情并不会想象的那么糟，邓刚安慰自己，但他还是想提前给女儿打打预防针，于是，在女儿情绪很好的时候，他问女儿："打鼓好玩吗？"

"非常好玩！"

"女儿现在打鼓打得这样好，给我们全家都带来了娱乐。即使你没有被学校选上，也没有关系了。"

女儿笑着点点头，她很高兴爸爸妈妈都喜欢听自己说打鼓的事。

可是父亲担心的事终于发生了。

那天下午4点后，门铃响了，邓刚的心又悬了起来，因为这是女儿放学的时间，如果是女儿回来了，那说明她没有去打鼓。邓刚连忙去开门，只见女儿一脸沮丧，站在那里。

"你回来了。"邓刚轻松地对女儿说，"放学早是最大的幸福，爸爸小时候常提前放学，上五节课我第四节就跑回家，在家多自由呀！"

女儿没有回答，但是看起来，她马上就要哭出来了。邓刚心疼不已，怎么办呢？邓刚决定带女儿出去走走。邓刚的家在大连海边，他领着女儿跑到海边，海边静悄悄的，海水也很平静。

邓刚对女儿说：“你知道爸爸为什么领你到海边来？因为你被淘汰了！爸爸知道你现在心里很痛苦，但痛苦就是痛苦，我们要老老实实地接受痛苦。女儿，你放声大哭吧！”

女儿再也抑制不住自己的情绪，面对奔流的海水大哭起来。

邓刚一直等到女儿哭完，才接着说：“女儿，现在我们来平静一下，被淘汰并不是什么大不了的事，它不证明你做得不好。我们来分析一下你为什么被淘汰呢？我觉得是因为你的个子高，你一排队就不和谐。为什么个子高呢？因为你像爸爸，爸爸就高。这不是什么错误。当然，你要记住，将来走到社会上会遇到很多痛苦，很多你无法改变又让你无法接受的事实，这时候，你可以哭。医生叔叔说，哭出来的泪水，经过化验后发现里面有毒，为什么这个世界上女人比男人活得时间长，就是因为女人经常排毒。遇到痛苦，你就放声大哭。但是之后一定要平静下来，好好分析一下问题到底出在哪里。要知道任何事情都有好的一面，比如，你可能出现失败，但是如果你能够平静下来，那么你就能看到自己的缺陷，这可是千金难买的啊。”

女儿听着爸爸的一席话，渐渐平静下来，就在父女俩要回家时，女儿高兴地对爸爸说：“爸爸，至少我们家这段时间因为我练习打鼓，而变得很轻松快乐，是不是，爸爸？”

邓刚高兴地点点头：“对啊，你给我们带来了快乐，这是好事啊。”

孩子毕竟还小，她看待事物的方法也比较简单，得便兴奋异常，失便沮丧难过。这时候如果父母不能在旁边加以指导，那么孩子就会被情绪左右，长大之后，更容易被名利得失所控，总是身不由己。

在女儿小的时候，父母就应该告诉孩子：当我们没有力量去改

变困境，移动障碍，不必为此感到挫折和沮丧，选择从不同的角度来看待障碍或困境，会从其中发现挫折带给你的价值。

> 板桥人渡泉声，茅檐日午鸡鸣。
> 莫嗔焙茶烟暗，却喜晒谷天晴。
>
> ——顾况《过山农家》

当孩子接受了这样的思想，她的眼界不再局限于眼前的利益的时候，她的心态也就会逐渐变得平和起来。

当然，培养孩子平和的心态，不是一时之功，需要父母循序渐进，慢慢把这种思想渗透给孩子。同时，还要注意以下三方面的培养。

第一，消除孩子的自卑心理。如果孩子能够欣赏自我，充分肯定自我，那么，她的心态就比较平和，遇到问题也不会产生消极的情绪。

第二，经受挫折的锻炼。挫折是人生的必修课，是人生必经之路，是人生的财富。经过挫折的磨炼，人就拥有坚强有力的翅膀，同时因为有挑战困境的勇气和决心，心态也会变得平和。

第三，乐观的心态。有一位学者很形象地比喻人生：人的一生犹如婴儿初啼，虽有苦涩，但却是全新鲜嫩，不管你遭到何种挫折与苦难，只要你不放弃自己，就没有任何事情可以难倒你。拥有了乐观的心态，就能把一切看开，心态自然趋于平和。

总之，平和的心态是女孩子情商最重要的组成部分。面对纵横沉浮的社会竞争，面对纷繁复杂的人生百态，只要我们的女儿能够保持平和的心态，处变不惊、临危不惧，那么，她就是那屹立不倒的女神。

鼓励女孩凡事要坚持

富养真经
FU YANG ZHEN JING >>>

不能坚持，即使成功就在眼前，也无法体会到价值的满足感，这样的孩子一生都不会幸福。因此，“富养女孩”，就要鼓励孩子凡事要坚持，让孩子永远看到希望，并具有挑战困难的韧性。

相比于男孩子来说，女孩子具有一定的韧性，凡事能够坚持，但也不全是如此，仍有很多女孩子，做事总是半途而废，三分钟热度，这就需要父母从小就要告诉孩子：凡事要能坚持到底。

人生路上，我们会遇到许多挑战，如果坚强地挺过去，接下来的必然是成功。因此，对女孩坚韧性的培养非常重要。

这是一个非常令人感动的故事，9岁的女儿救了父亲，但是当父亲感谢女儿时，女儿说：那是因为父亲总是告诉她凡事不要灰心，要有顽强的坚韧力。

父亲凯姆是美国佛罗里达州特顿县的行政司法长官，女儿的名字叫柯琳，故事发生在2002年一天的上午。

那天，父女俩骑马驱向比戈—霍尔山区一个他们未曾去过的地方。途中，凯姆突然被烈马从马背上翻了下来，更糟糕的是，烈马狠狠地踢了凯姆一脚，这一脚正踢到了他的太阳穴上。顿时，凯姆失去了知觉。柯琳看到爸爸的脑部、面部全被血液染透了，她恐惧地想：“爸爸要死了！”但是，她立刻就否定道：“不，不能这样，我得赶快去找人救他！”

小柯琳克制着恐惧，打马摇摇晃晃地驰下陡峭的山坡。但她马上又意识到自己对山路不熟，而且她担心回来之后找不到爸爸。柯琳曾两次勒转马头转向父亲，随后又改变主意策马下山。她犹豫不决，每当她要下山时，耳边总好像有个声音在呼唤：不要离开你的爸爸！

最后柯琳决定放弃下山，她心想：此时只有自己才可以救爸爸。她努力控制着自己，心中默默地祷告一番，然后她蹲下身，查看父亲的情况。

小柯琳首先检查了父亲的呼吸状况，根据平时急救课上学到的知识，她设法尽可能地让父亲的呼吸道保持通畅；而后又设法止血，小心翼翼地擦去爸爸脸上的血渍。她想要叫醒爸爸，她不敢哭泣，并尽量用充满自信的语气在爸爸耳边轻声呼唤："……我们马上就回家去，我知道上帝在保佑我们！"

凯姆的神智曾一度昏迷，但女儿的呼唤终于使他清醒过来，看到女儿跪在自己的身边，他由衷地高兴，但同时，又担心年幼的女儿独自下山会迷路或遭受其他伤害。小柯琳要爸爸振作起来，凯姆也知道，自己必须振作起来，就是拼尽最后一点气力，也要指点女儿下山回到那个熟悉的地段。

过了好一会儿，凯姆扶着女儿坐了起来，他要送女儿下山，可他已无力跨上马鞍，父女二人只好徒步下山。柯琳一手牵着马，一手搀扶着爸爸。

然而凯姆的情况非常糟，凯姆每前进一步都是拼尽气力的挣扎，每前进一步都给他带来撕裂般的疼痛。大约走了100英尺，他感到一阵阵恶心和眩晕，他颓然跌坐在地上。小柯琳扶着爸爸，说道："爸爸，你不是曾经告诉我凡事要坚持吗？越是难坚持越要坚持，这样，我们就会走回家的。"

凯姆欣慰地点点头，他想起一个坚持的方法：先选择不远处的一个地点作为目标，一旦到达，他又选择另一个新的目标。他心里默念着：一定要走到那条森林公路上。数小时过去了，凯姆已变得精疲力竭，柯琳耐心地安慰着父亲，父女俩艰难地一步步地走下去。

凯姆惊叹女儿的决心和毅力。要知道，小柯琳毕竟只有9岁啊！凯姆为自己能教育出这样的女儿欣慰不已。

终于，父女俩来到了山脚附近，柯琳立即认出了那条森林公路。凯姆大口地喘息着，瘫坐在一棵树干旁。但他看着女儿流泪的眼睛，又有了力量，他对女儿说道："你真棒。快回家！"说完就晕了过去。

柯琳边哭边求爸爸一定要活着，之后，她迅速跨上马，飞快地向家奔去。凯姆骑的那匹马在父女俩下山时，一直跟随着柯琳，由于熟识道路，它开始狂奔起来，并迅速急驰过柯琳的马。

凯姆的马飞奔回家，家人见马上没人，深感不妙。他们开车顺路去找凯姆和柯琳。途中，纵马向家飞奔的柯琳同开车而来的家人相遇。

最后凯姆获救了。那些医生一面工作一面惊叹：一个年仅9岁的小女孩，竟然能够帮助一个受伤如此严重的大人下得山来，从而赢得了抢救她父亲生命的时间。

小柯琳因此而被评为美国十名小英雄之一。

在我们的意识里，一个9岁的小女孩，只有脆弱，遇到这样的大事故，恐怕只能哭泣，无奈地等待或者乱作一团。然而小柯琳却在父亲生死攸关之际，表现出顽强与坚韧，最终将父亲从死神那里救回来。

当然，小柯琳不是天生的英雄，她也恐惧、绝望，她也犹豫彷徨，她甚至也哭泣，心乱作一团。然而，救父亲的信念一直鼓舞着她，同时父亲平时对她的教导也让她能够坚持，并鼓励父亲坚持。

我们的父母们往往重视少儿的智力的挖掘，却不够注重孩子坚韧力的培养，使得孩子难以面对困难，遇到挫折不是退避三舍，就是束手待毙，凯姆的教育方法应该给我们一个启示，我们要教会女儿坚持。

意志倒下的时候

生命也就不再屹立

歪歪斜斜的身影

又怎耐得

秋叶萧瑟　晚来风急

——汪国真《旅程》

当女儿小的时候，她做事往往凭兴趣，容易见异思迁、虎头蛇尾。因为做事凭一时热情，一会儿干这儿，一会儿干那儿，缺乏持久性。这就需要我们父母积极引导，让孩子做事能够持之以恒。

那么，如何培养孩子的坚韧性呢？

第一，培养孩子的主动性和独立性。没有依赖性的孩子才会看到自己的责任，不会把希望寄托在别人身上。我们要帮助女儿制定可行的学习、活动计划和目标，让女儿有“规”可循，自觉按计划和目标学习、生活。

第二，培养孩子的坚韧性。我们可以有意识地安排一些女儿不太喜欢做的事情让她去做，并采取奖励的方法，条件是必须要按要求做完，并能够按时完成，锻炼女儿的毅力。

小女孩性格不十分稳定，它具有多变性、可塑性的特点。父母在培养孩子的过程中，一定要教给孩子强大的毅力、韧性和纪律，让孩子慢慢学会坚持。

培养女孩的忍耐性

富养真经
FU YANG ZHEN JING>>>

“希望自己的欲望马上获得满足”是人的天性，但这容易使人急功近利，惧怕挫折，不能坚持。因此，我们应该在女儿小的时候，就让她学会控制欲望。这样，她才不容易形成散漫、摇摆不定、容易激动的性格。

一般来说，女孩子耐力较男孩子要好，但是这些天然的优势并不是每个女孩子都具备的。而且，在她们的成长过程中，父母的教育不当，也会导致这种忍耐力的缺失。

为什么这样说呢？举个例子来说，小女儿还在襁褓中时，她一嘤嘤作声，做父母的便迫不及待地前往抱她，因为害怕她不舒服，害怕她由于看不到父母而产生焦虑，这种做法很容易养出一个性情急躁、做事情没有耐性的小女孩。

因为这是在向她传递一种信号：即哭闹就是操纵父母的手段。小女孩得到满足后，会利用婴儿的狡黠，马上就可以操纵她的父母亲了。若是她的行为可以引来一些愉快的经验，她就会再三重复这样的行为。如果父母为其所控，那么也就失去了培养孩子忍耐性的大好机会。

这种孩子稍大点儿，动不动就要要脾气，同小朋友打架，遇到很小的困难就放弃，而且其性格也会散漫、摇摆不定、容易激动。一个女孩子性格鲁莽急躁，无异于一朵鲜花遭虫蛀，会让她的人生

出现一种阴影。

因此当女儿还小的时候，父母就要防止自己的方法给孩子造成伤害。培养女儿的忍耐性，最重要的一个方法就是延迟满足。

这是美国哈佛大学心理系教授丹尼尔·戈尔曼做的一个非常著名的试验：

戈尔曼请主持人给一批 4 岁的孩子每人一块糖，并告诉他们若能等主持人回来再吃这块糖，则还能吃到第二块糖。

主持人走后，戈尔曼悄悄观察，他发现有的孩子只等了一会儿便迫不及待地把糖塞进了嘴里；而有的孩子则很有耐心，而且很有办法，想出做游戏啦、讲故事等各种方式，分散注意力，拖延时间，他们坚持到主持人回来，并最终得到了第二块糖。

戈尔曼又对这批孩子分别在 14 岁时和进入工作岗位后的表现进行了跟踪调查，他发现：很有耐性的孩子数学和语文成绩比没有耐性的平均高出 20 分，而且意志坚强，经得起困难和挫折，更容易取得成功。

由这个试验，我们就可以看出，没有耐性，就等于没有成功的希望。戈尔曼告诉所有的父母们：如果要培养孩子的忍耐力，就要延迟满足。知道了这一点，我们就会知道如何对待襁褓中哭泣的女儿了。

宁肯像种子一样等待
也不愿像疲惫的陀螺
旋转得那样勉强
尽管冬天的路
可能还要延续很长很长
她却相信　这丰腴的土壤

——汪国真《她》

在给予婴孩适当的爱和使她变成一个小暴君之间，我们能够找到一个中庸之道：当女儿的需求不是很紧迫的时候，我们要对她的哭声学会安之若素。别担心，因为哭是对肺部有益的运动。当然，父母必须要特别留心分辨她的哭声，到底是一般性不舒服的信号还是极端难受之下的凄惨的尖叫，然后再决定是否延迟孩子的满足。

如果我们做不到这一点，那么就不要埋怨我们的孩子总是无法耐心等待。忍耐不是孩子与生俱来的东西，传统的女性之所以被认为具有耐性，主要有两点原因：第一她们总是不能被父母重视，因为重男轻女的思想，使得女孩子的愿望总是无法被满足，这从客观上做到了“延迟满足”；第二就是社会角色给女性的忍耐性的定义，父母在培养的过程中很重视这一点的培养，在谆谆教导下，女性的忍耐性也就形成了。

我们现在的社会当然不提倡重男轻女，但这些教育方法还是可以适当使用的。让女儿学会忍耐，她必须获得两种重要的智力技能：估量、理解时间的能力和领会因果的能力。他还需要两种关键的情绪技能：忍受挫折的能力和延迟满足的能力。

当然，这些技能是相互依存的。也就是说，延迟满足，才能忍受挫折，或者忍受了一些挫折之后，才能做到延迟满足。下面让我们看看孩子的忍耐力是如何伴随她的成长而发展的。

当女孩处于婴儿期时，她只有很小的忍耐力，哭是婴儿寻求帮助的一种必要信号，但是即使是新生婴儿有时也必须让她学会等待一会儿，鼓励婴儿忍耐是从简单地告诉她开始的。也就是说，尽管可以不必立刻满足孩子的要求，但是一定要让她听到父母的温柔的声音，这样，她就会停止烦躁，这是得到满足的一种前兆。因为语言联系着因果思维，所以它帮助婴儿学会延迟满足。

当然，这时候让孩子忍耐的时间不能超过 3 分钟。如果不及时地满足她的需要，她已经学到的所有关于忍耐的要求会被忘得一干二净。如果父母的反应迅速而且具有一致性，那就是在教女儿相信

她的需要会得到满足。这就使她信任父母，她会认为这是鼓励她下次能等待更长时间。

3 岁以前的孩子已经会用语言向父母倾诉要求，这时候孩子的要求通常非常迫切，她还不大懂得通过许多能力来调整自己，因而常常显得毫不讲理。孩子缺乏忍耐力和有限的忍受挫折的能力是因为她是以自我为中心的，她仍习惯于把她自己的需要放在首位。

在这个阶段，父母要给女儿选择一些主题是关于期望、忍耐和最终满足的故事书。这些都可以逐步帮助她明白：有些事情是值得等待的。每个人都需要学会如何变得有耐心。

3～6 岁，女孩智力和情绪的成熟提高了她理解和说出时间的能力，这是帮助她增加忍耐力的技能。但是这个阶段，因为孩子要受到很多方面的限制，要求总是无法被立刻满足，比如在幼儿园里，她要考虑到别的小朋友，或者被老师安排到后面。这时候，她的个性会受到压抑，因此，父母不要过于强调她总是去忍耐，适当的时候，也要让她能够发泄出压抑的情绪。

6 岁以后女孩要开始上学了，不管所学的科目是阅读、科技还是体育，忍耐力是学习成功的必要因素之一。父母应该继续帮助女儿培养忍耐力，帮助她确立短期内集中注意力的目标，把新信息分隔成小的组块，这样她就能掌握这些内容，并有足够的动力继续学下去，直到在学习中感受到成功！

总之，孩子的忍耐力需要父母耐心的培养，而且这种培养越早开始越容易。只有孩子的耐性建立起来，对孩子的其他教育才更容易深入。

不可忽视宽容心的教育

富养真经
FU YANG ZHEN JING >>>

宽容不光是一种品质，更是一种智慧，是一种力量，只有拥有了宽容，才能够有宽广的境界，只有拥有了宽容，才能够拥有良好的人际关系，如果我们真爱我们的女儿，就让她学会宽容吧。

宽容心是一种非常珍贵的感情，它主要表现为对别人过错的原谅。因为心胸宽阔，人才能够具有高远的眼界，也才更容易成功。

非洲历史上的首位女总统利比里亚的埃伦·约翰逊—瑟利夫就曾经被一位女性的宽容所折服，并且学会了宽容，并最终成为一名优秀的国家领导者。

1997 年的夏天，一位年近 60 岁的黑人妇女，带着随从，急匆匆地走在一条由利比里亚通往几内亚的路上，她就是埃伦·约翰逊—瑟利夫。

前面不远处散落着四五户人家，有两户是埃伦·约翰逊—瑟利夫永远不能忘记的家庭。一个家庭的孩子曾经是她的贴身护卫，叫维撒，而另一个家庭的孩子则曾经暗杀过她，叫阿撒。

13 年前，当埃伦·约翰逊—瑟利夫带着维撒奔波在路上时，维撒告诉她，他的家乡到了，他的父母一定非常欢迎她的到来，于是，他们直奔这个村落。可就在她们靠近村庄的时候，耳边响起了枪声，一颗子弹从一棵大树后向她射来。训练有素的维撒猛地把她扑倒，她获救了，但维撒牺牲了。后来发现，开枪的是维撒的邻居，一个

叫阿撒的年轻人。

13年后的这一天，想起维撒，埃伦·约翰逊—瑟利夫就一阵心痛，这时，她看到维撒的妈妈正从家里扛着一袋粮食往外走，看见她进来，显得非常高兴，这位老人立即停住脚步跟她热情拥抱，并将她们一行迎进屋子里，倒水，拿水果。

一切安顿好，这位年迈的老妈妈又扛起那袋粮食出门了。埃伦·约翰逊—瑟利夫问老妈妈去哪里，老妈妈回答说去给阿撒的妈妈送粮食，自从13年前阿撒开黑枪逃走后，一直杳无音信，阿撒独身的妈妈年老体弱，家里已揭不开锅……埃伦·约翰逊—瑟利夫有些接受不了，于是提醒这位善良的老妈妈：“他们不是我们的敌人吗？”这位老妈妈回答说：那都过去了，以怨报怨，只能增加更多的仇恨。

埃伦·约翰逊—瑟利夫低下头，沉思良久：每一次走在流亡路上，她都在想，有朝一日她必将卷土重来，打败她的政敌，重新获得权力，使曾经让她饱尝艰辛的人尝到复仇的厉害。可是现在，她觉得自己需要调整自己的思维——以仇恨面对仇恨，对立双方永远无法摆脱仇恨，饱经战乱的利比里亚需要的不是仇恨，而是宽容，宽容能化解矛盾，消除隔阂，获得理解，并赢得民众的支持。

一瞬间，埃伦·约翰逊—瑟利夫明白了自己最缺少的不是力量，而是宽容。这位老妈妈给她上了很好的一课。从此以后，她把宽容用到了她的政治生涯中，她学会了以宽容的姿态来面对过去的对手，而且还号召全国人民忘掉仇恨，以宽容、和解治愈历史的创伤。最终，她赢得了利比里亚人民的理解和支持，通过民选，登上了总统宝座。

宽容的力量由此可见一斑。宽容虽然只是一种最常见的情感，但这种情感对于孩子个性的健康发展，尤其是情感的健康发展有着非常重要的意义。一个女孩子如果性情温和，温柔善良，她在成长中与别人的矛盾就会减少，就更容易受人欢迎，她自己也更容易找到自己的价值感和人生的乐趣。因此，“富养女孩”，不可忽视宽容心的教育。

但现在的孩子大多数都是独生子女，父母们都见不得自己的掌上明珠在学校受别人的委屈，因此，有父母就这样教育女儿说：“别人对不起你，你就对不起他，别人打你，你就打他。”这样的孩子无论如何学不会宽容。

但是一个心胸狭窄的人，又怎么能够有宽广的境界呢？特别是对于一个女孩子来说，如果心胸狭窄，总是爱记仇，不但影响她的人际交往，对她以后的婚姻生活也极为不利，因此，一定要帮助女儿学会宽容。

一位翻译曾讲过这样一个故事：

儿童俱乐部的工作人员小张非常紧张。因为这次她带的网球课小孩较多，一时疏忽，在网球课结束后，少算了一位，等她发现人数不对时，赶快跑到网球场，发现一个4岁的外国小女孩正在那里哭泣。

小张满脸歉意，极力安慰这个孩子，饱受惊吓的小孩已经哭得筋疲力尽了。小张抱着这个孩子，一边安抚着一边心想：这下肯定要被孩子的家人痛骂一顿了。

孩子的妈妈出现了，孩子一下子扑进妈妈的怀里，妈妈看着自己哭得惨兮兮的小孩，也非常心疼，她拍打着她的后背安慰她，并理性地告诉她：“已经没事了。那位姐姐因为找不到你而非常地紧张难过。她不是故意的，现在你必须亲亲那位姐姐的脸颊，安慰她一下！”

这位4岁的小女孩听了妈妈的话，慢慢停止了哭泣，她转过身来，踮起脚尖，亲亲蹲在她身旁的小张的脸颊，并且轻轻地告诉她：“不要害怕，已经没事了。”小张当时感动得差点哭出来。

只有这样的教育，才能培养出宽容、体贴的孩子。因此，我们不要觉得斤斤计较才能体现出自己的尊严，越是做大事的人，越能

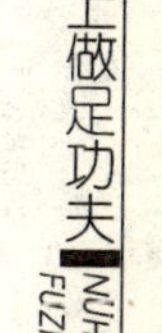

体会到宽容的力量。要想让我们的女儿出类拔萃，我们必须要培养孩子的宽容心。

具体说来，父母可以从以下几方面入手：

第一，父母为孩子树立榜样。可以说，有什么样的父母就有什么样的孩子，如果父母都不能宽容，那么孩子又如何不计较呢？因此，父母首先要学会宽容。

第二，教孩子学会“心理换位”。能够站在对方的角度上思考问题，那么就能够理智地看待双方的矛盾，也会明白对方何以如此对待自己。理解了对方，就能够减少很多不必要的矛盾。

第三，告诉孩子人人都有缺点。人性总有弱点，因此，我们没有必要求全责备。把这个观点告诉孩子，她和同学相交，和朋友相处，就会求同存异，减少矛盾。

当然，宽容不是懦弱，更不是盲从，必须要让孩子明白这一点。父母必须让女儿知道宽容是明辨是非之后对同学、朋友的退让，而不是对坏人坏事的妥协。对坏人和得寸进尺的人是没有必要宽容的。

第四，让孩子多与同伴交往。交往会产生矛盾，但是交往才能够体会到宽容，因为人们都需要合作，没有宽容之心，合作就无法建立起来。

女孩子本来就是靠关系建立对社会的认识的，如果能够把孩子放进一个群体中，让她多与伙伴们交往，那么她自然就学会了宽容。

开阔孩子的视野，让孩子广交朋友，多见世面，对培养孩子的度量无疑大有好处。境界宽，心胸才能宽，心胸宽，世界才会宽。

纠正孩子蛮不讲理的恶习

富养真经
FU YANG ZHEN JING >>>

每个女孩子都是一篇美丽的童话，父母的教育，就是向世人揭示这篇童话的美妙所在，如果童话里有阴暗面，那势必影响人们的阅读兴趣，而蛮不讲理很可能就会成为这篇童话的阴暗面。因此，“富养女孩”，就要纠正孩子蛮不讲理的习性。

我们经常看到一些“刁蛮公主”，任性而不讲理，与父母撒泼耍赖，与别人相处，也是自以为是，形成了这样性格的孩子肯定处处惹人厌，对她自己的成长也非常不利。因此，如果发现女儿有蛮不讲理的恶习，就一定要进行纠正。

一位有个10岁女儿的母亲说：“我家女儿聪明伶俐，学习成绩也还不错，也很讨人喜欢，可就是有蛮不讲理的毛病。前些天，我在商场给她买了一件毛衣，不少人都说这很适合女孩子的，无论是花色还是式样，都很好。可是我女儿看见后，非常不满意，她非逼着我把毛衣退了，否则她就要把它扔掉。为此，我真伤透了心。”

这个女孩子就有些蛮不讲理，不喜欢妈妈买的东西这没有什么错误，相反，还能证明孩子非常有主见，可是不喜欢没有必要扔掉，这就有点自以为是了。对待孩子的蛮不讲理，不能宽容，否则，会纵容助长孩子的这种坏习气。

特别是对女孩子来说，如果长期任性，就会破坏女性天然产生的对人际关系的理解能力，把自我放在最重要的地位，不但会影响人际关系的构建，同时，因为孩子无法理解自己的蛮不讲理为什么总是遭到排斥，而可能在孩子心理上形成阴影，影响孩子的身心健康发展。

但是，孩子天生不会蛮不讲理，之所以会出现这样的性格，大多是由父母造成的，父母应该首先从自己身上去找原因。我们是否在孩子不听话的时候不由分说就对她大骂不止？是否在孩子与我们发生争论时就暴跳如雷？是否孩子需要什么，不考虑合理与否，就立刻给她什么？如果是这样，那么，我们就没有资格怪孩子，是我们一步步把孩子带到沟里去的。

父母对孩子的态度过于强硬，孩子会蛮横无理，对孩子的态度过于迁就，孩子同样会任性妄为。因此，父母要学会理智的爱，既要站在孩子的角度，理解孩子的苦衷，给予她足够的温暖和关爱，又要做到不溺爱。

女孩子本身娇柔细腻，对于父母悉心的照顾和教导，她能够有深切的感触，同时，在成长的过程中，她也会不断地试探着自己到底能做什么，就像是一个探路的精灵，如果父母在"蛮不讲理"之路上警告她：此路不通，那么她就会毅然回头，并且不复再入此歧途。因此，父母必须要提前做好提示牌。

得不到　总是最好的
太多了　又怎能消受
少是愁多也是忧
秋天的江水汩汩地流

——汪国真《淡淡的云彩悠悠地游》

可是，有些孩子已经有了蛮不讲理的倾向，那么应该怎样纠正这种坏性格呢？

第一，不再迁就孩子不合理的要求。

孩子与父母之间就像是一个“围追堵截”的游戏，父母已经设好了障碍物的地方，孩子遇到阻碍就会绕道而行。由于以前一直迁就孩子，所以，她才会变得蛮不讲理，因此，要改变她，首先就不能迁就她，把“迁就”这条路堵死，让女儿不再寄希望于此，那么，她就不会蛮不讲理了。

当然，开始的时候，孩子肯定会闹得非常凶，这是她的一种手段，以往一直屡试不爽，她自然不会放弃这样好的方法。因此，不要理会她，冷处理，即把女儿晾至一边，让她冷静下来，然后再给她讲明原因，要记住，必须要坚持原则。

第二，巧妙地对孩子说“不”。

面对孩子的蛮不讲理，父母通常会以生气、斥责胁迫孩子就范，其实这样做，只会助长孩子的蛮不讲理。因为这种方式本身就没有道理。比如，当家长正忙着的时候，孩子提出某种要求，许多家长会态度强硬地说：“去去去！没看见我正忙吗？”这样做，会打击孩子的情绪，降低其做事的热情。其实，最好的方法是要运用一点儿技巧，巧妙地对孩子说“不”。比如，你可以让她先做点儿别的她喜欢做的事情，现在没有时间，但可以在另一个时间满足她的要求。在拒绝女儿的时候，要注意口气，温和的态度才更容易让女孩子接受。

蛮不讲理的孩子，多少有些逆反心理，如果对她们使用强硬的手段，可能会助长孩子的坏脾气。同时，据心理学家分析，孩子对自我价值的认识，往往是通过父母对待孩子的态度来判断的。因此，对待蛮不讲理的孩子，态度要和蔼。

第三，站在孩子的立场理解孩子。

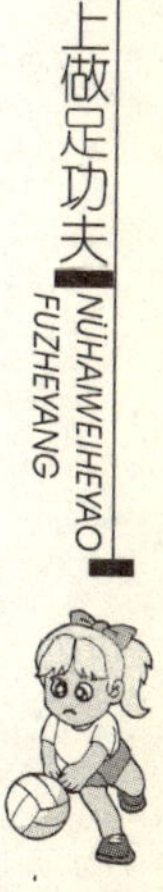

有些孩子之所以蛮不讲理，是因为她们有自己的想法，她还不理解自己的想法在成人那里是不被接受的，如果父母不能理解女儿的心，那么就无法体会孩子的心情与感受，也就无法根治孩子的蛮不讲理。

因此，父母在纠正孩子的这一坏习性时，一定要站在孩子的立场上，思考孩子的烦恼，同时，也要让孩子了解父母的心情和感受。这时也要注意方式方法，要用第一人称——我、我们——来说明问题，这样使孩子觉得很贴心，也更容易接受父母的建议。

第四，尽量避免和孩子正面冲突。

父母总是了解孩子的需要的，如果想避免与孩子发生正面的冲突，可以根据孩子的需要做一些必要的准备。比如：女儿爱吃糖，但糖吃多了对健康有害，因此，父母要将糖果放到她看不到的地方，一次少拿出一些，这样就不会因为她想做父母不希望她做的事而发生冲突了。

总之，孩子的思维方式还很稚嫩，还不能像大人那样周密地思考问题，因此，可能会出现蛮不讲理的现象，父母只要注意引导，孩子就会纠正这种习性。

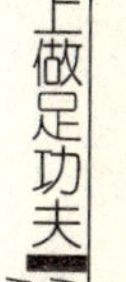

维护女孩的善良天性

富养真经

FU YANG ZHEN JING >>>

“富养女孩”，就是要尽力挖掘女孩子的天性美。而善良是一种最美的品德，女孩原本具有这种美德，但仍然需要父母的引导和维护，告诉孩子世界需要善良，善良的人才能被人接受、受人尊重，要让她发扬这种天性美。

女孩子天生善良，这一点从婴儿时期就可以看出来，通常女孩子都愿意帮助别人，愿意把自己的东西与别人分享，在看到别人难受时，更容易伤感，这都是善良的一种体现。

雌性激素只是造成这种结果的一个因素。女孩还受其他激素的影响。例如孕激素就是女孩更喜欢小孩子和小动物的原因；催产素则会使女孩更富有同情心，产生更多的“怜悯之情”，这就是“母性的本能”。而这些因素综合起来，就产生了女孩善良的天性。作为父母，要强化这种天性。

在一家杂货店里，杰仁夫妇正在购物，他们的身边，两个可爱的小女儿——一个大约4岁，另一个大约8岁——正在玩耍。

这时候，一件意外的事情发生了，一位年老顾客没有拿稳售货员递过来的装钉子的纸袋，“哗”的一声，钉子撒了一地。两个小女孩吓了一跳。

杰仁对大女儿说：“宝贝，我们来帮他一把。”说着俯下身去帮老人拾起钉子来。那孩子马上停止玩耍，弯下身去认真地帮这位老人

家捡钉子，年纪较小的女儿，则继续在旁边玩耍。这时候，妈妈用手碰碰她，说道："难道你不想帮帮他吗？"小女儿也加入了捡钉子的行列之中。

这一对父母用温和的态度，为孩子们上了"如何仁爱待人"的一课。相信这样的女孩子长大之后一定非常善良，也一定非常受人欢迎。

孩子的人格是在不知不觉中形成的。然而遗憾的是，很多父母都把经历放在了对孩子智力的开发上，而没有意识到培养孩子心灵的重要性。由于受社会影响，父母们都显得很世故，做事喜欢拨弄算盘，看看如何做对自己才更合算，结果孩子受到父母的影响，对"善良"也没有一个清醒的认识。

可以说，善良作为一种美德，对一个人的成长发展具有不可忽视的积极影响，缺乏善良品质的人，同时也是个道德上有缺陷的人，最终很难有所作为，因为她很难得到别人的认可，同时她道德上的缺陷也很容易让她的人格受到扭曲，影响自身的心理健康。

对于女孩子来说更是如此，因为社会给女性的定义就是善良和温柔，因此，一个"蛇蝎女人"似乎比一个"狡诈男人"更容易受到社会的歧视和厌恶。

还有一些父母认为"善良"是无能的表现，在这个竞争激烈的社会中，越是善良，就越容易受人们的欺压，因此，他们从心底反对孩子善良。其实对于有这样意识的家长，很容易驳倒他们：你教会了孩子自私、冷漠，那么孩子的第一个实验对象就是你，她长大成人后会对你非常冷漠、自私。

冷漠、自私对于女孩子的成长实在没有什么好处，而人之初，性本善，因此，父母一定要维护孩子善良的天性。

丫丫是一个很善良又很敏感的孩子，在她3岁的时候，她就懂得把好吃的东西分给妈妈爸爸。

进了幼儿园后，丫丫很快就适应了集体生活。一天，幼儿园里新来了一位小朋友，由于不习惯集体生活，幼儿园的阿姨要求大家处处都让着这位同学。丫丫非常不理解，回到家后，她问妈妈："妈妈，在家你让我让着奶奶，在幼儿园里，阿姨让我们让着一个新来的小朋友，我做到了，可是我不知道为什么要让着别人呢？难道别人不能让着我吗？"

"老师是让你学会尊老爱幼嘛！"妈妈回答道。

"可是，那个小朋友和我一样大，他是我的爷爷奶奶吗？我为什么要尊他爱他，处处让着他？"

这一下妈妈给逗乐了，可她不知怎么回答孩子的问题。

都说童言无忌，由此可见一斑。孩子在成长的过程中，会遇到很多困惑，为孩子解开这些困惑，就是教育孩子的最佳契机。不要小看孩子，很多时候，孩子的问题往往非常犀利，一针见血，直指问题的要害。父母如果不能很好地回答，那么可能就会让孩子形成错误的意识。其实，这时候，父母就要告诉孩子"爱心"的概念，让孩子用爱来感受这个世界的人际关系。那么，善良就逐渐定格为孩子的终生品质了。

当然，空洞的说教和良好的愿望是远远不够的，在培养女儿善良这一点上，父母必须要讲究方法，父母可以从以下三方面入手：

第一步：为孩子创设亲切、友爱的成长环境。即让孩子感受到爱，一个在爱的环境中长大的人，不难拥有善心、爱心。作为父母，以友好和爱的方式来教育、帮助孩子，努力使善意、友好的气氛充满整个家庭，充满孩子成长的每一个细微的角落，那么，孩子在此环境熏陶下，会非常认可自己的善良本性，也愿意把这个本性坚持下去。

那些得到父母和亲人友善与怜爱的孩子，会带着基于个人经验而得来的一种信念，从人生一开始，就认为生活应该如此。"大人对我们很友善。他们在我们感到饥饿和受到伤害时，照顾并帮助我们，

他们和我们说话时也是和蔼可亲的。”

> 人，不该甘于清贫
> 可又怎能没有一点清高
> 枯萎的品格
> 会把一切葬送掉
> ——汪国真《祝你好运》

第二步，父母要用自己的爱心感染孩子。

我们知道，女孩子生来就有爱心和善良感，但这并不表示她们已经完美，她们仍然需要父母的帮助和维护，才能将这些感情转化为对他人的善意行动。父母一定要注意自己的言行，因为女儿时时刻刻都在观察我们，关注我们的每一个帮助别人的行为，并在模仿我们。父母最好从小处着眼，不着痕迹地引导孩子仁爱的关怀。

第三步，使孩子懂得如何才能变得善良，为什么善良令人满意。

当然，让孩子明白善良的含义，不要通过简单的说教，那通常没有意义，而要通过寻找机会，即抓住生活中的细节进行教育。父母可以在某些特定的场合下，见机行事，简单地、随意地向孩子解释一下，让女儿知道所有的人都非常喜欢善良的人。

对于孩子来说，有点小私心在所难免，这没有多大关系，父母千万不要责怪她，更不能把她的行为定性为“恶”，以免挫伤孩子的自尊心，不利于其对善良含义的理解。

第四步，赏识孩子“善意”的举动。

女孩子在很小的时候，她的善心就已经逐渐显露，从教育学的角度来说，如果孩子做的事得到了肯定和表扬，那么她就会加深对这种行为的印象，并自愿继续这么做。因此，父母要赏识孩子的“善良”，让孩子知道你希望她这样做，希望从她的举动中看到善意，看到柔情的美丽。

善良与仁爱是每个正在成长的孩子生命中最基本的要素，对于女孩子，善良尤其显得重要。透过善良，孩子为世界贡献了一份力量，同时因为接受到别人的感激而获得了价值感和满足感，这会使女孩子更喜欢优化自身的品格，并最终成为一个有用之才。

不要让女孩爱上虚荣

富养真经
FU YANG ZHEN JING >>>

相比于孩子的虚荣来说，父母的虚荣更可怕，也更加根深蒂固，而对孩子的影响也更深远。因此，要让你的女儿戒除虚荣，父母首先就要能做到不虚荣。“富养”，就要给女儿一个正确的思想指导，给女儿一个健康的成长氛围，一个优美的家庭环境。

“女大十八变，越变越好看”，这是对成长中女孩的一种赞美，可是父母要注意了，女孩子越大，自尊越强，如果引导不好，就很容易形成虚荣心理，处处想显出自己的优越性，要么爱攀比容貌，要么喜欢对比服装……

自尊自爱是一个人具有积极意义的品质，死要面子、追求虚荣、盲目骄傲等等，不仅不是自尊，而且是一种自卑的表现。因为不够相信自己的能力，只能凭借一些外在的东西来突出自己。

蓉蓉在一所中学就读，她们班上有许多同学家境不错。不知从什么时候开始，蓉蓉喜欢上了名牌，衣服要名牌，袜子鞋子也要名牌，虽然蓉蓉的家庭条件并不拮据，但是她的这一行为还是遭到了父母的反对。

然而蓉蓉丝毫不悔，过生日那天，她坚持要请同学去“阳光城”

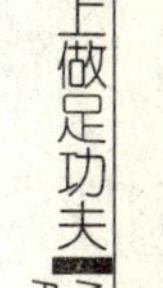

夜总会，她说是其他同学都这样，自己如果不这样，就是“掉价”丢面子。

父母认识到了问题的严重性，决定要改正孩子的这个坏毛病，可是，她们不知道该如何做？

很显然，这个女孩子非常爱慕虚荣。她不断地与别人比美、比富，认为只有如此才能体现出自己的价值，这不是真正意义上的自尊自爱，物质的东西也无法体现自己的真实价值，这种虚荣心必须要纠正。

> 虚名是一个下贱的奴隶，
> 在每一座墓碑上说着谀媚的诳话，
> 倒是在默默无言的荒土之下，
> 往往埋葬着
> 忠臣义士的骸骨。
>
> ——莎士比亚

在纠正这种问题之前，父母必须要知道这种问题的根源在哪里？即弄明白孩子为什么会出现这样的情况？

一般来说，孩子产生虚荣心，学会攀比，有以下两种原因：

第一，父母的教育。很多父母认为只有一个孩子，又有经济承受能力，动辄把孩子当星星捧上天，不但舍得买高档玩具、流行服装，而且希望自己的孩子拥有的都是最好的。特别是，一些父母不注意女儿的修养教育，却喜欢在吃穿打扮等方面与他人攀比，让孩子形成不恰当的虚荣心。

一些家长本身就很虚荣，为了显示自己的经济实力，为了显示自己和女儿的与众不同，他们可以不惜一切代价。广州曾经有这样一则新闻，说父母们为了参加家长会，化妆就要两个小时，还有的要去专门做美容，家长会成了时装会，这样的教育又如何能让孩子有好的修养？

另外，还有一些父母十分疼爱女儿，在他们的眼里，自己的女儿就是最好的，对孩子一味“吹高”、“捧高”，让孩子在一片赞扬声中长大，结果孩子形成虚荣心理。

在一档电视节目中，一个可爱乖巧的小女孩担任了主角。

主持人拿着小女孩的素质报告册，兴致勃勃地念着老师给定的评价。老师给她的评价很高，随着素质报告册中评价语言的逐渐走高，小女孩按捺不住兴奋，插话了，她眉飞色舞地说：“我最近还当上了学习委员，每周我要检查同学的作业。”

听小女孩如此一说，主持人不禁打趣地说：“呀，真棒，你是班上最厉害的啦！”

“我比老师还是差一点。”小女孩这样回答。

一家人围在一起，赞扬那个优秀的小公主，这样的场景对于每个家长来说都很平常，但是，细究一下就会发现，如果欣赏和赞扬使用不当，就会让孩子形成虚荣心。这个女孩就已经有了虚荣心，为什么？

在这个女孩子与主持人的对话中，不经意地流露出了不应该有的自傲和自负，这不能不让人对她的未来充满担心。德国哲学家叔本华说：“虚荣心使人多嘴多舌；自尊心使人沉默。”美国教育专家戴门教授也认为：真正的“肯定个人自尊”，应来自她真的做成某些有难度的事，而不是凡事必赞美。

孩子爱上虚荣，有碍真正的进步，甚至会形成嫉妒成性、冷酷无情的性格。因此，如果孩子凡事都想要得到父母的赞美，那么父母就要提高警惕了。

在平时的教育中，父母给女儿的赞美也不能过分，自古便有“伤仲永”的故事，其中蕴含的教育哲理并不费解，而在家庭教育的现实中，我们却往往掩埋了它的参照性。

第二，孩子自我认识能力差，不能客观评价自己。幼儿时期，

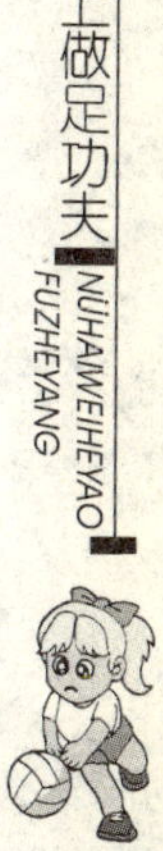

许多孩子往往过高评价自己，以为自己什么都比别人强，这是儿童自我意识发展中的常见现象。而如果父母不能及时对其纠正，那么孩子就会形成思维定势，总是“自以为是”，也总是喜欢以自我为中心，为了达到这个目的，她们会不惜一切代价，这自然就形成了虚荣心。

观察目前社会上，那些张口即谈装扮、开言就是标榜个性风格的女孩子，把自己打扮得花枝招展，说着一些让人似懂非懂的“超酷语言”，或者唱着一些“超女”“快男”的歌谣，可就内心来说，她们并无什么特色可言，就好像打着宣传广告说：“我崇尚流行。”这就是一些没有真正自我的孩子，为了强调自我，她们不得不使用一些外在的物品和标识。

她们的行为只不过是“虚荣心”在作怪，而一些媒体为满足某种目的为其搭建平台：大肆造星、追星，造出了许多误导孩子们的榜样；哗众取宠地炒作，诱发了许多白日梦，加剧了孩子特别是女孩子的虚荣。

其实，虚荣心重的人，所欲求的东西，莫过于名不副实的荣誉。这些虚浮的东西会在人们心中形成一股强烈的欲望，而欲望是不会彻底被满足的。因此，如果父母不对女儿的虚荣心加以遏制的话，她就会“打肿脸充胖子”，最终也只能苦了她自己。

英国哲学家培根的一句格言说道：“虚荣的人被智者所轻视，愚者所倾服，阿谀者所崇拜，而最终为其虚荣所奴役。”因此，当我们发现孩子有虚荣心时，一定要加以遏制，具体说来，有如下方法：

第一，父母要纠正自己的虚荣心。

一些父母总是会有这种想法：“我的孩子不能比别的孩子差。别的孩子有的我的孩子也应该有；别的孩子没有的，我的孩子也要有。”这就是虚荣心在作祟，如果父母都这样的话，那么就很难在实质上帮助孩子，反而会推着女儿朝着错误的方向越走越远。

第二，让孩子正确认识自己。

没有虚荣心的孩子懂得自尊自爱，她们对自己有一个非常清醒的认识，既不高估自己，也不低评自己，她们的全部心思都放在如何提高自己的水平和能力上，而不是与别人进行攀比上。

第三，掌握好正确的比较观。

父母在与女儿的交谈中，引导孩子多从社会价值而不是个人价值的方面去比较。争取把孩子的格局眼界放大，例如，比一比个人在社会中作出的贡献，而不是只看到自己个人的好处。另外，不要与自己能力相差大的同学作比较，否则容易造成自满情绪或自卑情绪。最后，让孩子关注自己的努力，而不是外在的条件。

第四，帮助孩子树立一个正确的荣辱观。

也就是对荣誉、地位、得失、面子要持有一种正确的认识和态度。一个人应该有一定的荣誉感，但面子“不可没有，也不能强求”，如果“打肿脸充胖子”，过分追求荣誉，显示自己，就会使自己的人格受到歪曲。

第五，树立良好的学习榜样。

家长应时常教育孩子从那些名人传记、名人名言中，从现实生活中，以那些革命前辈、英雄人物、学术泰斗为榜样，做一个“实事求是”的人。

因此，父母一定要“脚踏实地”，在教育女儿上更要“务实”，培养其正确、健康的人生观，这也是人生最大的资产。

第八章

送给女儿护身符

——让女孩学会自己保护自己

女孩子娇美可爱、柔心弱骨，但与男孩比起来，抚养女儿，需要考虑更多的安全问题。疼爱女儿的父母们，都希望自小就能给孩子一个护身符，让她平安健康地长大成人。在复杂的社会环境中，女孩如果缺乏自我保护意识，那么就会受到别人甚至自己的伤害。因此，“富养女孩”，就要让她学会自己保护自己，善待自己。

让女孩相信自己能保护自己

富养真经
FU YANG ZHEN JING >>>

“富养女孩”提倡“授之以鱼不如授之以渔”，只有孩子自己有能力才是她一生最大的财富。因此，在孩子安全问题上，父母要让孩子学会自我保护，让女儿相信自己有能力保护自己，这就要让孩子善待自己、相信自己，无论在什么样的场合中，一定要能够感到安全和自信。

我们的社会是矛盾的，一方面强调女性的柔美和妩媚；另一方面却又有些暴力文化的浸润，比如，人们希望女孩子们漂亮、顺从、乐于助人，而不是希望她们自信、有能力和果断。在这样的社会背景下，女孩子不相信自己能够保护自己，她们喜欢依赖别人，于是通常都成为别人的牺牲品。

女孩必须有力量和能力。这是“富养女孩”的理念所在，作为父母，我们要让我们的女儿记住自信的感觉，即与困难斗争并突然解决了问题之后的那种全身热血沸腾的感觉。这样的女孩，才能够一生善待自己，而不至于因为没有主见而成为别人手里的商品。

一个女孩子是否相信自己有能力保护自己，通过一言一行就可以看得出来。有研究表明，人们在街上走路的样子，就足以招引或抵御背后的袭击。“心不在焉”、有点胆小式的走路，或者看上去像对自己出现在大家面前深感歉意，或者因占据人行道空间表示不舒服的女性，明显是暴力分子喜欢的对象。当然，我们不是在暗示说受害者应该对她受到的暴力负责，我们要说的是，这样的女性通常都不太自信。

西汉扬雄曾经说过：“人必其自爱，然后人爱之；人必其自敬，然后人敬之。”如果一个人不自爱，又怎么承受得起别人的爱呢？所以“欲信人必先自信，欲知人必先自知，欲爱子必先爱己”。回到刚才那个话题，一个沿街行走的女性，如果流露出她对自己力量和周围世界的认识和自信，那她就大大打击了潜在的攻击者。

有一位女教师，热情，开朗，富有才华，可是33岁的她却离过两次婚。她的两个前夫与她相比，无论人品还是能力，都差一大截，第二任丈夫还有暴力倾向，而且在被打之后，这位教师根本就没有想过要维护自己的人权。直到她的哥哥知道了她经常挨打，而且那第二任丈夫在外面还有一个情人，才强迫她离婚。人们非常不理解，不知道她为什么要选择这样的人结婚。

一位朋友问她为什么，她回答说：“我很丑，能力也很低。我只能找到这样的人。”她的朋友大吃一惊。要知道，这位女教师五官端正，眼睛大而有神，气质高雅，只是嘴巴略大了些，从整体看上去虽然不能称之为绝世美女，但是仍然比一般的女子漂亮，真不知道她怎么会认为自己长得丑呢？

看着朋友惊讶的表情，这位女教师指着窗台上的一张照片，问道：“你看这个人漂亮吗？”照片上是一位女士，眉目清秀，的确要比女教师漂亮多了。朋友依然不解，女教师解释说：

“那是我妈。我妈年轻时是出名的美人，可我却是‘丑小鸭’。从小我就很自卑，觉得自己丑，嫁不出去。于是，我不敢选择条件好的男生，我害怕被人家瞧不起。”说完，她自嘲地笑了。

我们读完这个故事，会不会觉得很可怕？就因为没有自信，不能善待自己，就毁了自己的大好前程。所以，“富养女孩”，一定要杜绝这种现象出现，要告诉孩子“天生我材必有用”，一定要相信自己是出类拔萃的，相信自己有能力保护自己，并有保护自己的意识。

但是，就目前的社会来说，有两种文化信念扭曲了我们的女儿关于力量和能力的意识：女性是无助的，因此需要别人的保护；女孩是脆弱的，因此必须得到别人的照顾。

专栏作家查恩·圣地亚哥是这样定义一个父母常用的保护女孩的过程模式的："十几岁时，男孩获得更多的自由和特权；女孩则变得更加与世隔绝。男孩在晚上到处漫游；女孩必须呆在家里。男孩单独乘车；女孩一定不可以。男孩被教导要勇敢地面对世界；女孩被教导要小心地看待世界。"

> 无论你能做什么，
> 哪怕仅仅是梦想着能做什么，
> 尽管去做吧。
> 智慧、力量和奇迹，
> 都蕴涵在勇敢之中，
> 现在，就开始吧。
>
> ——歌德

的确，我们父母们就是这样保护女儿的。女孩子的确比男孩子有更多的安全隐患，但是这并不表示女孩就不能自己保护自己。如果我们认为女孩子需要我们的保护，那么我们就不能成功地教她们善待自己，不能教她们要依靠自己内在的资源面对困境；如果我们认为她们是脆弱的，那么就不会鼓励自己相信自己，就不会鼓励自己尽力去保护自己，解决一切危机难题。

我们说女孩子独立的时候，可能父母们知道不需要更多的保护，但是一涉及安全问题，所有的父母都会张开羽翼，把女儿封在自己的保护之下，这就出现了矛盾。一方面，让孩子没有自信；另一方面，孩子无法学会自我保护。

当然，所有的女孩都需要她们父母的保护，但在不同的年龄阶段有不同的需要。当还是婴儿或初学走路时，我们要保护她们避开强光、噪音，避免吞下小东西、跌倒，免受寒冷、饥饿。我们的目的是不让她过快地了解现实生活的艰辛，不让她受到任何的伤害，但是这也在某一方面降低了她的自我防护能力。

有保护就有溺爱，尤其是过度保护。这些来自父母的保护，可以使女孩子们获得安全，增大她们健康成长的可能性，但同时也埋没了她们的能力，让她们不再相信自己的力量。

要让女儿相信自己的能力，还要让孩子了解自己的感情，知道自己是高兴还是不高兴。尽管她也会考虑到周围的人的感情，但她不会为了害怕别人难受，而忍受让自己的身心受到伤害。当然，一个正直善良的女孩，在知道付出是值得时，那她愿意在必要时付出更多。尽管我们可以让女儿面对不同的场合采取灵活的态度，但是要告诉女儿：一定不要让自己被别人利用和伤害，别人也要对他们自己的行为负责。

一个健康而又有能力的女孩，会关心别人，也希望别人关心她，她明白别人会引起她的兴奋，但不会对她的兴奋负责，最重要的，她不害怕表达自己的愤怒，因为那是有些事情出了问题的信号，是她要张开自己的保护伞的时刻。如果她知道接受别人的要求以后自己会受到伤害，她就会坚决地对别人说“不”。因此，多数情况下，她能感到安全和自信……

这就是“富养女孩”要达到的标准，总是知道自己在任何情况下都可以选择，保护自己的隐私，坚持别人和他们自己之间的个人边界。作为父母，必须要自己的女儿有一定的原则，这样，她的实际生活和她所期望的生活才能非常接近，不至于让她生活在梦幻里，而遇到危险时，就束手待毙。

告诉女孩要远离诱惑

富养真经
FU YANG ZHEN JING >>>

“富养”的精神在于提前预防，即在事情没有发生之前就要把可能会发生的事情告诉给女儿，让女儿做到心中有数。而保护女儿的预防措施之一就是要告诉女儿，这世界充满了各种各样的诱惑，任何一种诱惑都可能对她造成致命伤害，因此，一定要让她远离诱惑。

虽然这是一个美丽的世界，但是人心不古，仍然有很多思想道德败坏的人在破坏着社会的宁静。同时，由于人们的心态变得喧嚣与浮躁，世界也充满了各种各样的诱惑，稍不留意，就可能受到伤害。因此，保护女儿，要告诉她这个世界都存在什么样的诱惑。

第一，物质的诱惑。

沙里克·本·阿布顿拉是古代阿拉伯的著名神学家，他知识渊博，并且安贫乐道。当时阿巴斯王朝哈里法满苏尔非常尊敬沙里克，并且想把司法权交给他，但哈里法是个暴君，政治上昏庸，生活上穷奢极欲，沙里克不喜欢与他同流合污，便拒绝了这一职位。哈里法又要求沙里克做自己孩子的家庭教师，同样遭到了沙里克的拒绝，他回答说：他只喜欢自由自在地过自己的清贫生活。

这让哈里法很生气，可又无可奈何，他思来想去，一定要把沙里克请到自己的身边，来接受自己的统治，接受自己的思想。

一天，哈里法邀请沙里克到家中做客，哈里法严肃地对沙里克说：“你拒绝了司法官这一职位，又拒绝做我儿子的家庭教师，你不能再拒绝我了，今天，你必须要与我们一起用餐。”沙里克只好答应了哈里法这一蛮横的要求，哈里法于是下令为沙里克准备最奢侈的饭菜，这一餐饭，动用了全国最出色的厨师，烹调了各种美味佳肴。

菜端上来时，沙里克惊叹不已，他从来没有见过这么丰富和美味的食物，无论是色还是香，抑或是味，无不在诱惑着他，他咽了咽口水，便大口大口地吃了起来。

于是，有人对哈里法说：“这人以后再也不会虔诚了。”哈里法点头大笑，他已经胜券在握了。果然，没过多久，沙里克不仅自动请示要担任哈里法儿子的家庭教师，还接受了司法官的职位，当然，最重要的是，他过上了豪华的生活。

故事没有到这里结束，最富有戏剧性的是沙里克说的一句话，那天，沙里克与发放薪水的人争执了起来，那人说：“你纠缠什么？你又没有把小麦卖给我们。”沙里克回答道：“我把比小麦还贵重的东西卖给了你们，我把我的宗教卖给了你们。”

这样的故事给我们的启示很大，一个安贫乐道的人，一个有着崇高品质德高望重的人，最终却出卖了自己的灵魂，因为他忍受不了物质的诱惑。

我们的孩子思想还很稚嫩，对世界的认识还很浅薄，如果她不能忍受人性的贪婪，那么很可能就会被诱惑，进而出卖自己。这当然是我们父母不愿意看到的。

第二，名利的诱惑。

名利的诱惑力极大，它往往能够让没有自制力的人一头栽进陷阱，并且还以为自己是在挖掘金子。很多人把名利作为一种目标，执著地追求着，用尽各种手段，在名利的战场上拼个你死我活，但因为目标有失偏颇，最终如镜花水月一般，得不偿失。尤其对于一个女孩子来说，淡泊名利不光是一种品质，更是一种生存的智慧，因为如果没有识别名利陷阱的能力，那么等于盲人开快车，是同自己的生命在开玩笑。

因此，作为父母，一定要告诉孩子名利到底是什么，它与我们最终的价值观虽然有着一定的联系，但绝不能成为我们唯一的精神目标。

第三，精神的诱惑。

对于前两种诱惑，人们都有一定的认识，但是精神诱惑，还是一个陌生的名词。那么什么是精神诱惑呢？这个范围很广，泛指一切先从思想上进行说服，然后再做伤害人的勾当的行为。

这种诱惑对于成人来说都很难识别，对孩子就更难，因为它看起来是让你自觉自愿地做某件事，之所以称之为诱惑，是因为最后伤害了人，这也是判断某种思想是否是一种诱惑的标准。

闪烁，却不是为了诱惑
只为了让那皎洁的光
照亮你
也照亮我
照亮一道纯净的小溪
照亮一条清澈的小河
——汪国真《让星星把我们照亮》

不要觉得这对于孩子来说很难理解，就不告诉她，不，恰恰相反，这种危险对孩子的潜在伤害可能更大。因此，才更应该重视。要知道任何带有诱惑性质的思想说服，都带有一定的危险性，因为天下没有免费的午餐。

有个妇人一直梦想着不劳而获，整天祈祷神灵能够帮助她。一天，她碰见一个神灵，神灵对她说，如果她能够更虔诚，那他就决定帮助她。她欢天喜地，告诉神灵她一定会更虔诚。于是神灵说：为表示虔诚，首先要增加祈祷的时间，在上班的时候，下班的时候，吃饭的时候，入睡的时候。

这个妇人信誓旦旦地答应了，她比神灵要求的还要虔诚，几乎不停地在祈祷，她减少了工作时间，减少了睡眠时间，在不断祈祷。终于，神灵又出现了。神灵问她多大年龄，她说 30 岁，每个月只有很少的几两银子收入，神灵问道：

“哦，那你希望现在有多少收入？”

“10 万两银子，只要 10 万两就可以了。可、可以吗？”

“当然可以，我可以满足你的愿望，”神灵很肯定，“但是，你确定你真的是要 10 万两银子吗？你不会后悔吗？”

“是的，是的，我确定，而且决不后悔。”怎么会后悔呢，高兴还来不及呢，她心想。

“那好吧，我满足你的愿望。”

这个妇人千恩万谢，神灵说：“不用谢，这是你应该得的。”这个妇人虽然没明白这话到底是什么意思，但是她哪里还顾得想那些。很快，她看着神灵送给她的 10 万两银子，笑得嘴都合不拢了。

神灵一直站在那里，这时候，他问道：“你确定不后悔。”妇人想都没想就摇头否定了神灵的问话。

“哦，给你块镜子，你自己看看吧。”神灵摇摇头，说道。

妇人接过镜子，对镜一照，吓得一下把镜子扔到了地上，镜子摔了个粉碎。原来镜中是一个满脸皱纹的老妇人，妇人惊慌地问道：“啊，啊，这、这是谁啊？这是谁啊？”

“这就是你自己啊。”

“我？怎么可能，我今年才刚刚 30 岁，怎么看上去像是 80 岁了呢？”

“是啊，你刚才还只是 30 岁，但从你得到这 10 万两银子的时候起就是 80 岁了。”神灵很亲和。

“为，为什么啊？”女人声音颤抖着问。

“因为按照你现在的努力程度，只有到了 80 岁，你才能够得到这么多银两。”神灵微笑着。

妇人非常气愤，她谴责神灵欺骗了她，神灵说："但是我问了你两遍后悔吗？你都摇头说不后悔。"妇人无语，她祈求神灵能还她本来面目，但是神灵说不可能了。

妇人后悔不已，过了好半天，她问道："你到底是谁？"神灵说道："我是寿命神。本来，我以为人们都很重视寿命，没想到，人们更喜欢诱惑。"

是啊，你能说是神灵害了妇人吗？神灵的确诱惑过妇人，但是如果妇人自己思想没有出现偏差，那么她就不会受到伤害了。

人们常说的先征服你的心，再征服你的人，其实就是一种精神诱惑，当然，如果不是以伤害为目的的，那么另当别论。

父母要告诉孩子，无论面对哪一种诱惑，都要有拒绝的勇气。离诱惑越远，我们的女儿也就越安全。

某公司要高薪聘用一名小车司机。经过层层筛选之后，只剩下3名技术最优良的竞争者。主考者问他们："悬崖边有块金子，你们开着车去拿，觉得能距离悬崖多近而又不至于掉落呢？"

"2米。"第一位比较保守。

"半米。"第二位富有冒险精神。

"我会尽量远离悬崖，愈远愈好。"第三位显得很老实本分，他说。

结果这家公司录取了第三位。

这个故事告诉我们：不要和诱惑较劲，面对它离得越远越好。

想要诱惑女孩子的人和事很多，作为父母，一定要让孩子有个平和的心态，正确地看待名利得失，把握住自己的目标与追求，不为外界的一切诱惑所动，如此，才能够很好地保护自己。

青春期不要太愚蠢

富养真经
FU YANG ZHEN JING >>>

处于青春期的女孩子就像是一朵含苞待放的花朵，需要父母更多的呵护。由于身体和心理发展的不协调，很容易使这个时期的女孩子做一些傻事，这就需要父母们要提前打好预防针，让女儿有保护自己的意识。

英国布拉德福德市圣约瑟夫天主教公学中，曾经出现了这样一件事。一名 15 岁的女学生和男友偷吃禁果后，竟根本不知道自己已经怀了身孕，在一个周五的上午，在课堂上，她忽然腹中疼痛难忍，然后分娩生下了一个婴儿。

这所学校是一所全女子学校，这名女生本为通过“普通教育证书”考试而来此学习，整个学校管理非常严格，但却仍然出现了这样的情况。而这名学生的老师和同学竟然也没有发觉这名女生怀孕了。尽管她腰身日渐粗大，但她们都认为她只是长得肥胖了而已。当这名女生开始在教室里分娩时，老师和同班同学们被这一幕惊得目瞪口呆，不得不立即打电话喊来救护车。

只为一时的爽快，却赔掉了自己的青春，这样的女孩子是何等的愚蠢。可是更可怕的还不在此，她居然对性没有一点常识，连怀孕都不知道。

恐怕所有的父母都为青春期的女儿担忧，他们担忧这些情窦初开的少女们情不自禁，偷吃禁果，毁了自己。

其实孩子出现这样的问题，主要原因还在家长身上，是家长没有做好孩子的青春期教育，特别是性教育上存在着很大的薄弱环节。孩子没有认识到问题的重要性，自然也不知道保护自己。

就我国目前的教育现状来说，还是有些回避性教育和严禁谈恋爱的，但是这种做法却更加强了孩子对性的神秘感和好奇感。越是禁止，就越是想尝试，结果很可能就是，错误或不完整的信息，导致了孩子生理上的伤害，进而影响心理成长。因此，要想女儿青春期不犯糊涂，就要提前对孩子进行性教育。

很多父母担忧，如果告诉孩子一些性知识，不是等于允许孩子进行尝试吗？国外有关的研究表明：在青春期，科学的性知识教育并没有导致青少年性行为的增加，相反孩子们因为了解了更多的性知识而放下包袱，不再对性感到神秘，她们也能够坦然地面对异性。那些能够经常与男孩有正常交往的女孩子，也很少有自己赔上青春的案例发生。

这就告诉我们父母，不要走回封闭的老路，要做孩子的心理医生，要疏不要堵。尤其要树立正确的态度，彻底打破“家长权威”，和孩子做交心的朋友，倾听女儿的心声。并提前告诉孩子一些必要的防护常识。比如，给孩子讲清人流等的实际危害，不要遮遮掩掩，不要太含蓄，不妨给孩子讲些真实的反面的例子，特别是那些有警示作用的例子。

在青春期的约会中，尤其在青春期后期，性交是不可避免的潜在问题。现在的社会越来越开放，许多女孩子都做了深度的尝试，而这些孩子之中就有对于性根本不清楚的，越是不清楚，对孩子的伤害就越大。

尽管现代的观念有了新的进展，爱的结合便已足够支持性行为的合法合理性，不需要婚姻的维系，但是过早尝试禁果，对女孩子的身心都是一种极大的伤害。当然，有的女孩子是为了爱的驱使而一路到底，她们与那些玩世不恭的女孩还不相同，但是由于年龄小，她们对爱情还没有一个成熟的认识，对异性心理也很难把握，因此，一旦与自己的想象出现偏差，她就会走向极端，这势必会影响她以后的婚恋生活。

阿伊朵就是因为在青春期受到了很大的伤害，而至35岁仍然对所有的男性有一种恐惧感。

阿伊朵在高中时就确定了和拉贾的恋爱关系，她认为自己对拉贾的感情是真挚的，希望能够时时刻刻与他在一起。为此，阿伊朵疏远了自己的所有朋友，一切以拉贾为中心，在拉贾要求发生关系时，阿伊朵也没有反抗。

他们的确经历了一段很甜蜜的时光，但随着年龄的增长，拉贾接触的人越来越多，他渐渐地开始找借口不同阿伊朵在一起，每当此时，阿伊朵往往会缠着拉贾，要陪他，而拉贾就会显出很厌烦的样子，最后阿伊朵只好迁就他。

时间长了，阿伊朵意识到拉贾在躲避与自己见面，“是不是我做错了什么?”她问自己，同时尽力做好一切，来讨好拉贾。阿伊朵变换着自己的态度，试图重新唤起他的热情，他们仍时常做爱，但拉贾越来越冷漠了。

最后，阿伊朵感到大势已去，而最使她惊恐的是，她发现自己居然怀孕了。阿伊朵决定找拉贾谈一谈，希望能重新修补他们的关系。阿伊朵约了拉贾见面，并告诉他她是多么的爱他，自责自己在以往关系中做错了许多事，表示要重新开始。然而，拉贾非常决绝，他干脆地拒绝了阿伊朵，并告诉她:“我们不该再约会了，我们的关系应该结束了。”

惊恐之中，阿伊朵说出自己可能怀孕了，但拉贾根本不相信阿伊朵的话，认为她是在要挟他，阿伊朵绝望地哭了。

不得已，阿伊朵做了流产，她陷入绝望与愤怒之中，她感到自己像被用完的物件一样又被甩在了一边。她产生了被遗弃感，这让她痛恨所有的男性，并对未来的生活完全失去了希望。

家有女儿的父母们看到这样的故事，都会为阿伊朵感到痛心，谁希望自己的女儿受到这样的伤害呢？阿伊朵的最大错误在于，她认为性交能够产生更深的爱，而不断的类似的经历，将引导她们得到真正的爱与完美的性交，而这种爱与性交最终会导致婚姻。也许是因为年龄限制，她对爱情根本就没有一个清醒的认识。

前车之鉴，为了不让处于青春期的女儿受到伤害，我们必须要提前做好各种准备。具体来说，应该做到如下几点：

第一，提前告诉孩子性知识。我们前面已经说过，这是必不可少的教育。

第二，要告诉孩子性和爱往往是两码事，不能相提并论。

像阿伊朵一样的女孩子并不在少数，她们以爱为目标，结果在爱的诱引下，放弃了保护自己的原则，放弃了自己的贞操。而越是为了爱而奉献了自己的女孩，越难得到真正的爱情。

另外，中学时期的罗曼史几乎是没有希望延续终生的，因为卷入其中的双方个性上的不稳定与不成熟，在以后的成长过程当中，可能发生的许许多多的变故，对各类人的接触与了解的演进，都会轻易地折断这种情感的联系，拉贾的变心就属于这种情况。面对这种情况，与其指责拉贾不负责任，不如提早告诉阿伊朵不要牺牲自己。

第三，积极和孩子沟通。

和孩子沟通很重要，只有知道孩子的心事，才能够从根本上来保护青春期的孩子。父母一定要掌握一些技巧，让女儿能够选择我们作为倾诉对象。

我们可以对女儿进行挫折教育，但是不能给她过多的压力，特别是不能经常谴责孩子，以免造成女儿的心理负担，当她有什么问题或困惑时，也不愿意跟父母倾诉，但是她们需要化解心事，这时候，她们就很可能把目光转向异性，特别是对自己有好感的异性。这样的情况可能也是孩子过早与异性同学“亲密接触”的诱因之一。

总之，青春期的女儿，是父母保护的重点，但是保护她还需要一定的技巧，要告诉孩子一定的常识，同时又能够保护她的自尊心，既不能让她身体受到伤害，也不能让她心理受到伤害。

离陌生人远一点

富养真经
FU YANG ZHEN JING >>>

要保证女儿的安全，就必须要防止孩子受到陌生人的欺骗。“富养女孩”，就要教给孩子一套面对陌生人的交际本领，可以和他理智地交流，但一定要心存戒备，做到既不失礼貌，又不能出差错。

对于女孩来说，如果生活免疫能力较弱，那么就容易上当受骗、误入迷途、甚至遭遇性侵害。

婕妤是一名大学新生，课余时间，她经常做家教。在她的意识里，她认为自己已经是成人了，但是她做梦也没有想到，自己差点就栽在自己家教的学生——一个初中小流氓的手里，险些连贞节都失去了。

那是个15岁的初中生，婕妤第一次见到那孩子的时候，感觉印象很好，这个孩子显得文静而儒雅，一看就是很多初中青春期女生狂热追求的对象，婕妤放下心来，她觉得这个孩子会更好教一点，因为这个男孩没有其他男孩所有的淘气，同时，对自己的未来也有一个非常明确的目标。婕妤有信心会教好他。

这个学生的确很认真，也很喜欢问问题，这就更使婕妤对他喜爱有加。但是她做梦也不会想到，这样一个老实的学生，会在她喝的水里下药！

那天，婕妤正在给他讲关于谓语动词的用法的时候，觉得有点口渴了，于是就问这个孩子有没有纸杯，她要接点自来水喝。而学生对她说：“老师，你教我很辛苦，让你喝自来水多不好，像我们家虐待你似的，我去给你拿罐百事去。”

婕妤没想到这个孩子这么懂事，自然很高兴。这名学生跑去厨房，过了好一会儿才回来，他一边走一边帮助婕妤揭开百事可乐罐的盖子，并把它递给了婕妤。婕妤向他表示感谢，然后接过来就喝了几大口。

这个学生显得很紧张，他看着婕妤喝可乐，就说：“老师，歇会儿吧，看您也累了，等喝完了再继续。”婕妤更加喜欢这个孩子，觉得他很懂得关心人。再加上她的确有些口干舌燥的，就慢慢地把饮料喝完。

然后，婕妤才把书本拿起来，继续向他讲述“ed”和“ing”在和动词连用的时候有什么不同，这个时候，她发现这个学生的表情非常怪异，他一直盯着婕妤的脸，婕妤就说道：“看书啊，别看着我，我脸上又没单词。”

刚说完这句话，婕妤就觉得耳朵里边好像慢慢地出现了什么响动，接着眼皮好像有点儿发紧，这在她是从来没有过的事情。她揉了揉眼睛，以为是眼睛疲劳了，她站起来想去包里找眼药水。但是婕妤刚站起来，就觉得脑袋里嗡嗡作响，接着眼前一片昏花。

就是这个时候，婕妤也没发现有什么问题，直到那个学生来扶她，隐隐约约地，她听到那个学生说：“老师，您怎么了？”婕妤感觉到那个学生用双手搂住了她的腰，而后其中一只就转过来伸进她的前襟里乱摸。

婕妤的脑袋已经一片麻木，身体瘫软无力，她整个的被那个学生搂在了怀里了。那个学生就紧紧地抱住她，并趁机吻了她。婕妤有些明白了，一定是那个学生捣了鬼，她拼命挣扎。

婕妤后来说，要不是那个时候门外有一阵脚步声，再加上自己

挣扎的时候胳膊上不知道什么时候划了一个口子，脑袋一下子清醒过来的话，后果恐怕就很严重了。

有了清醒意识的她用尽全身的力气挣脱了那个学生的双手，向门口跌跌撞撞地跑去，并在一片慌乱中，拧开门闩，冲出了屋子，歪歪斜斜地冲进电梯，接着，她就什么都不知道了。

睁开眼睛的时候，婕妤发现自己已经在医院里了，医生说她是那幢楼下的保安送来的，因为送来的时候，脸上和胳膊上有很多血，人们报了案。妇科大夫已经给她做了检查了，没有发现被强暴的迹象。警察问她是不是遇到了强奸犯，因为她的血样里有明显的安定剂成分。婕妤这才知道，那个学生在自己的饮料里下了药。

这件事情之后，婕妤半年没有接家教的活儿，后来接了也只接女孩子的，而且比以前小心多了，出去的时候，总是自己带着一瓶矿泉水，手机的直播键是110。

很难想象，婕妤竟然被一个初中的孩子下药，然而这又是事实，这个世界有时候就是这样残酷，它让我们父母不得不提高戒备心。

孩子，尤其是女孩子，经常会有遭到性侵害的可能。据调查，在强奸案中，侵害对象主要是25岁以下的女性，而14岁以下的幼女亦占相当比例，所以教育孩子注意性保护已刻不容缓，而这里最重要的一条就是离陌生人远一点儿。

对于婕妤来说，那个小男孩已经不算陌生了，但是出现了这样的危险境遇，还是她没有戒备心。虽然我们不愿意把这个世界想象得多么丑恶，但是必要的防范意识还是应该有的。

上陌生人当受陌生人骗的事儿，已经屡见不鲜，同陌生人打交道，确实存在着或多或少的风险。对待陌生人，我们虽然不必视之如洪水猛兽，但却不能不防范。

这是一个广阔的世界，免不了良莠不齐，杂草丛生。踏足其间的我们需要明辨是非善恶，更要把我们的经验告诉给女儿，社会美好，但仍有险恶的人心，面对陌生人，需要冷静思考，切不可头脑发热，随心所欲，一意孤行。

有很多骗子，专门针对一些不谙世事的小女孩下手，他们精心策划好行骗的方案，然后接近她，诱使她一步步走进圈套，最后成为他的猎物。

古人云：知人知面不知心。就是我们成人，面对我们十分熟悉的人，也免不了要上当受骗，何况让还很稚嫩的孩子去接触陌生人呢？当然，我们不能因噎废食，让我们的女儿永远不接近任何人，我们前面说过，这样的保护实际上是剥夺了孩子自我保护能力的锻炼机会。那么，到底该怎么做呢？

第一，从小就要让女儿对陌生人有戒备意识。当然，在这个过程中，要避免让孩子变得冷漠，一些我们都很熟悉而孩子还陌生的人，我们可以让孩子大胆地与他们接触、玩耍。

第二，让女儿明白什么是性侵犯和受到性侵犯后该怎么办。

第三，告诉女儿，外出尽量在安全路线行走，避开荒僻和陌生的地方。要注意周围动静，轻易不要和陌生人搭话。如有人盯梢或纠缠，尽快向大庭广众靠近，必要时可呼救。

第四，如果晚上女儿必须外出，应让她与人结伴而行，衣着不可外露，不要过于打扮，切忌轻浮夸张。尤其年幼女孩外出，家长一定要接送。

第五，告诉女儿，在外不可随便享用陌生人给的饮料或食品，谨防有麻醉药物。拒绝男士提供的色情影视录像和书刊图片，预防其图谋不轨。

第六，应该让女儿避免单独和陌生男子在家里或是宁静、封闭的环境中会面，尤其是到男子的家里去。独自在家，要注意关门，拒绝陌生人进屋。

面对陌生人，虽然大可不必拒人于千里之外，或对别人一脸漠然，令人惶惑不安，但是要让我们的女儿有戒备心，并能够保护自己，永远处于安全的境地。

保护女孩的身体

富养真经
FU YANG ZHEN JING >>>

“富养女孩”，不但要注重表面的培养，还要挖掘孩子内心深处的意义。女孩子不懂得保护自己，是因为在内心里不看重自己，没有正确的自我意识。因此，要让孩子学会保护自己，首先就要让女儿爱上自己的身体。

除了受到性侵犯之外，女孩的身体还可能受到自己的伤害，那就是对它有一种“物”的意识。所谓“物”的意识，就是把它当做物品，而不是人来看待，这是因为孩子的心灵曾受到伤害，并且对自己完全没有自信。

34岁的记者蒂娜回忆起30多年前发生的一件事，此事使她在之后的很长一段时间都对自己的身体不满意，并且一度形成自卑心理。

她说:“由于父母分居，我和妈妈住在一起，所以每次父亲来接我时，我总是很激动。我渴望得到父亲的爱。

“可是，父亲似乎并不爱我，尤其是他不喜欢我瘦弱的样子。那一年我大约6岁，一次，我从我们所住的楼里出来，看见他的车停在前面，我很高兴，连蹦带跳地跑过去。爸爸说：‘嘿，小兔子，你最好别跳了，你瘦得皮包骨头，没什么可摇晃的。’说完，他就哈哈大笑，但我却哭了起来，尽管父亲一直安慰我，他说只是和我开个玩笑，但是一想到我在父亲心中的形象如此不好，我就无法快乐起来。

“我通过父亲的眼睛看见了自己，我明白了为什么小伙伴们把我比做麻秆儿。自此以后，父亲的这一称呼一直刻在我的内心深处，它使我总是认为自己很丑，并难以接受自己。这也直接影响了我的婚恋生活，成年后，虽然别人都说我的身材很好，但我总是无法正视自己，就是结婚之后，我也担心丈夫嫌弃我。”

由此可见，父母的一句不经意的话就可能对孩子造成深深的伤害，蒂娜的父亲并不是有意嘲讽自己的女儿，在他也许只是一个玩笑，可是，他实在不懂孩子的心理，在女孩子 6 岁左右的年纪，正是自我意识逐渐树立起来的时候，她已经从对母亲的依恋中转向了对父亲的依恋。

在这个阶段，父亲对女儿的看法，直接影响到她对自己的评价，和对男性的信心。因为父亲是女儿一生中的第一个异性，她会通过他来了解男性，同时由于喜欢用关系来解释社会人群，女孩子会尝试着与父亲建立良好的关系，并通过父亲对自己的看法来了解自己。尤其是对于身体的理解，如果父亲对女儿没有欣赏的态度，那么孩子就可能把自己的身体当做“物”，甚至非常不堪的“物”，以至于产生自卑。

另外，就这个案例来说，父亲以开玩笑作为和女儿交流的方式，这种方式对小女孩有时很有意思，但对于极为敏感的少女，父亲的玩笑一定要有分寸。尤其当孩子处于青春期，对自身的变化更加敏感时，一句过头的话就可能让孩子产生极度的自卑。

在现实社会中，男人过多地看到女人的物性，也就是表面上看她美不美，社会文化也受到这种影响，从“物”的角度来看待女性的身体，这也扭曲了女孩子看待自己的方式。社会老在告诉女孩子她们不漂亮，她们就会看到自己身体的外在特点，而这会直接影响孩子的婚恋生活。因此，父母有责任教导女儿看到自己本质的美。而这其中最重要的就是对身体的爱惜。

可以这样说，女孩子的自信是从爱自己的身体开始的，同时，自我意识的正确性又是对自己本质的充分认识。这就要求父母在早

期教育中，要让女儿爱惜自己的身体。

在美国的教育中，有一种方法，叫做“重塑芭比娃娃形象”。如果女儿向你要芭比娃娃，利用这个机会，你可以告诉她：她的身体要比芭比娃娃的好多了。如果父母不是通过说教的方式而是通过玩游戏的方式教育她，这会更有趣，女孩也更容易接受。

这个过程的目的是教女儿接纳自身。任何一个女孩子都会有很多不完美之处，但是每一个人在性格或外貌方面，都有其独特的气质和优点。懂得如何扬长避短，便可增加自身吸引力。我们当然不能让女儿成为一个“金玉其内败絮其外”的女性，但更不能让女儿成为“金玉其外败絮其中”的女性，必须要双管齐下，因为只有本质美才能支持外在美。

让女儿爱护自己的身体，无须专门进行说教，其实，在日常细节中，我们就可以把这种教育思想贯彻其中，比如，母亲常常负责女儿的穿衣、洗澡之类的事，父亲则可以享受给女儿梳洗头发时的亲密。这就是一个很好的教育机会，给女儿梳洗也能使女儿形成关于身体方面的一些美好回忆。她会记住你为她洗头、梳理、设计发型时的爱抚。来自父母的爱，会让孩子对自己的身体产生自信，进而产生对自己身体的一种自我保护的本能。

这是有科学依据的。精神分析医生弗吉尼亚·比恩·拉特称：“教女儿护理头发是表达对她的女性特征的爱和尊重的一种方式，从象征意义上看，这也是在赞美她头脑中的精神、思想、幻想——所有的智力活动、左脑和右脑的一种方式。同时，因为受到了赞美，孩子会产生一种自我保护的欲望。”

因此，作为父母，一定要珍惜这个教育的机会，在给女儿梳理头发时，可以尽量放慢速度，可以边梳头边和女儿聊天，仔细倾听女儿的想法，并表达对这些聪明想法的尊重。

因为这种方法首先是建立起女儿的自信心，然后才引起女儿对自己的珍视，因此，父母在为女儿梳理头发时，可以适当地使用赞美的话语。任何女孩子的头发都有可欣赏之处，如果女儿的头发是直的，我们可以形容那为“一幅缎子”；如果她的头发是卷曲的，可以让她摇头，这样就可以“聆听铃儿响声”；粗且卷曲的头发可以是“像波浪一样有生气”，以至于它们“惊醒了你的手指，使它们想跳舞”；又细又光滑的头发“如云朵般飘扬”。不论女儿的头发看起来、摸起来怎样，你都能使她觉得那的确是她最美的地方。

总之，对于女孩子的培养，一定要告诉孩子：爱惜自己的身体，免除“物”的意识。这样，才能启动她自我保护的意识。

第九章

支付情感培养费

——关注女孩的感情发展之路

及早培养女孩子的情感非常重要，因为这涉及孩子的人格形成。积极的情感有助于孩子形成达观的心态，并能够树立正确的人生观、价值观和世界观。同时，一个感情丰富而又理智的女孩子，才不会遭遇婚恋生活的坎坷和磨难。因此，“富养女孩”，就要关注孩子的感情发展之路，帮助孩子建立积极达观的情感。

理解女孩的独特心理

富养真经
FU YANG ZHEN JING >>>

“富养”的内涵在于对症下药，培养女孩子的积极情感，首先要了解女孩子的独特心理，只有了解了心理，才能明了她的行为的意义，这样，两代人才能够进行有效的沟通。有了良好的沟通氛围，父母的教育才能够有的放矢。

莫威尔博士是一家心理诊所的医生，他经常接待一些苦恼的母亲和烦躁的父亲，他发现，在这些家长之中，那些孩子是女儿的父母们，她们的怨言比男孩子的父母亲更多一些。她们大致有如下怨言：

“她的所有东西都必须是粉色或者绿色的，而且她拒绝穿牛仔裤。”

“她太敏感了。我说什么她都烦。”

“我们希望她能够顽强、独立，因此我们像抚养儿子那样抚养她，但她对卡车和枪械游戏根本不感兴趣，而且不喜欢和男孩子们玩耍，她说怕他们打架。”

“她心思细巧，总是能够取悦我们，而且她也想取悦她的老师。她安静、合作、学习成绩好，而且几乎总是默默无语。”

“她总是那么招摇，好像整个世界都受她的支配，要她不那样，除非世界的末日就要到了。”

“她已经谈恋爱了，她的男友叫乔希，他们经常约会，这种情况已经持续两年了，我真担心她会给自己给我们制造麻烦。现在的孩子，太自以为是了，他们经常做一些成人做的事，而且连眼都不眨一下。但是她还这样小，怎么能为长远的后果承担责任呢？”

“她想和我一起做所有的事。如果她母亲对某事说‘不’，她就找我；如果她母亲有什么不同意她，她就看着我；如果她对某事不高兴，她就趴在我肩头哭。作为她的父亲，我喜欢她对我信赖，但我不知道这是否会影响孩子的情感生活，因为她现在总是对母亲很敌视。”

“我的女儿，不知道什么时候，变得如此尖酸刻薄。你可能会认为我是一个来自地狱的母亲。但是你不知道事实，在我和女儿之间，几乎无法沟通，我们对任何事情都没有共识，我喜欢的，她一定厌恶。她崇拜的，我肯定痛恨。我们就像是两个极端，有时，我怀疑我们怎么会来到同一个家庭里。想当初，3 岁的她是多么可爱。”

“真不知道我的女儿怎么那么繁忙，她似乎是一个完美主义者。乐队练习、吹笛子、打排球、游泳、在玩具店打工、在医院当志愿者，再加上非常刻苦地学习。这些时间把她整个人缠住了，我们根本没有时间和她交流，或许，她根本就不喜欢和我们交流。”

这些听起来很熟悉吗？我们在培养女儿的过程中，是否也遇到了相同的事情，或者也有相同的心境呢？

其实，总结上面的怨言，我们就会发现，这是因为女孩子和男孩子有着不同的心理特征所造成的，女孩比男孩更敏感，也更加难以琢磨，因此，培养女儿似乎比培养男孩子更加艰难。许多父母都觉得，理解女孩就像想要了解一个刚从太空飞船上下来的外星人一样。

为什么会这样呢？因为我们从传统观念中了解的关于女孩的知识与一个现实中的女孩是如此不同。我们误解女孩，因为主流文化期望女性的行为跟男性不同，也忽视她们的独特性。另外，很多父母的教育根本没有专门针对女孩子心理下过功夫，他们对女孩子的心理发展历程毫不知晓，这也使得两代人产生代沟，难以沟通。

只要我们能够了解女孩子的心理特征，了解孩子的情感发展之路，并不再以主流文化对女性的那种要求来看待女孩子，那么再教育就会轻而易举了。

要了解与理解女孩子的独特的心理，我们有必要从一个新的视点来看待女孩子。所谓新的视点，就是脱离主流文化对女性的“弱势”的定义，用“女孩子的眼光”来看待女儿。我们必须戴上女儿的“眼镜”，以便使我们能够看到她所能看到的世界。

> 蹴罢秋千，起来慵整纤纤手。
> 露浓花瘦，薄汗轻衣透。
> 见客入来，袜刬金钗溜，和羞走。
> 倚门回首，却把青梅嗅。
>
> ——李清照《点绛唇》

男孩和女孩毕竟是不同的，但是现在的主流文化一直认为男人比女人好，男人总是正确的，而一些女权主义则认为女人比男人好，或男人是错误的。无论哪一种观念，对于培养女儿来说，都有失偏颇。“富养女孩”的教育理念是：人性平等。没有哪一个比另外的更有能力、更友好、更有派、更粗暴、更易于抚养、更聪明、更理性、更弱或更难以对付。因此，我们父母不要以为做男孩的家长更容易，或做女孩的家长更容易，这样的观点是狭隘的，容易束缚我们的手脚，让我们的教育出现偏差，同时也会在孩子内心形成一种错误的性别意识。

那么，我们该如何理解这种人性平等呢？我们所说的平等绝非不分性别，保持中性，而是女孩子的自我平衡整理。我们知道，女孩子把世界看成是一种关系。与争取独立不同的是，女孩子们寻求的是一种平等的付出与获得、相互依存和相互积极制约的关

系，这种平等关系对于女孩子来说非常重要，一方面有助于她在社会人群中有自己的主见；另一方面也对她自身人格的完成非常有帮助。

心理研究表明，当女孩子意识到自己是某种关系的一部分并能表现出对这种关系的关心时，她们的自尊心就能得到增强，也就能够建立正确的自我意识，这样的女孩子一般都很独立、自信。

可以说，女孩子把关系看成是行为的基础；她们的行动就是试图与别人保持关系。也就是说，女孩子们主要是寻求与他人保持联系而不是控制对方，这就是一种平等，这种平等与男孩子所特有的攻击性和控制性完全不同。韦尔兹利学院的斯通发展服务和研究中心(简称斯通中心)的治疗师、作家及研究人员认为，这是一种关系式的生存方式。

也就是说，男性和女性有着本质的不同，但是女性有助于两性的平衡发展，但是社会主流文化把男性引到了自主性上，而把女孩子的这种天然的、与人保持联系的能力培养并精炼成关心和照顾他人并辅助他人发展的艺术，女孩子的本能使得她根本不喜欢这样的错误引导，因此，出现了行为上的反抗，如果反抗无效，那么就会极端顺从，而那些比较固执的女孩子，就会变得非常叛逆。

作为父母，只有理解了女孩子们的这种关系取向的模式或世界观，才能理解女孩大多数行为的原因。当我们抱着理解的眼光来看待孩子们的行为时，她们的问题才会变得明朗，我们与她的沟通也就不再艰难，而对于孩子的情感培养也就能够抓住关键，最终，我们必然能掌握与她们共同生活的奥秘。

及早培养女孩的积极情感

富养真经
FU YANG ZHEN JING >>>

在社会迅速发展的今天，高智商并不能代表成功，让我们的孩子在头脑聪明的同时，培养良好的社会情感——具备高水平的情商是走向成功的保证。因此，“富养女孩”，就要培养孩子的积极情感。

培养女儿的积极情感非常重要，不但有利于完善孩子的性格，同时还能帮助孩子建立正确的人生观、价值观和世界观。

情感指的是女孩的精神生活和内心世界，包括她的直觉、情绪和情感，而积极的情感包括自信、信赖、合群、求知、求美等。

你没有理由沮丧
为了你是秋日
彷徨

你也没有理由骄矜
为了你是春天
把头仰

秋色不如春光美
春光也不比秋色强

——汪国真《自爱》

情感和情绪这两个词在日常用语中是可以互用的，但其实它们

有着不同的意义，这里先简单说明一下这两种极端复杂的人类反应的区别。

爱、恨、高兴、悲伤、害怕等等就属于情绪，所谓情绪，是一种纯粹的冲动，这些冲动不包括思维或意志的卷入。人类对情绪的体验是对事件、记忆、知觉的即时反应。例如，一曲优美的旋律，一个曲折的故事，或者曾经丢失的心爱的照片，与好友的久别重逢，都能让我们感动得掉下眼泪。但当时只是一种内心的冲动，我们并没有经过大脑认真的思考，只有在后来，我们才能说清楚听歌曲或故事时一刹那的感觉，感受到一种悲伤或者喜悦。这时候，才能称之为情感，它来自内心的信息，开始于原始的情绪，并逐渐被思维提炼出来。因此，情感是经过思维加工的情绪。我们在一阵悲伤之后，能够解释为什么我们会感到难过，这就是情感。

对于很多父母来说，女孩子的情感似乎非常复杂，她们“像雾像雨又像风”，敏感而细腻，让人难以琢磨，因此人们常说，“女孩子的心思你别猜”，但是其实健康的女孩子是“云自无心水自闲”，她们敏感却又不失洒脱，她们活得自信而又自在。

健康的女孩一般不会无条件顺从别人作出的决策，她们有自己内在的指导系统，她要倾听来自自己内心表白的信号，例如她喜欢什么、讨厌什么，以及她的行为会怎样影响到别人等。但是我们父母的教育通常都压抑了孩子的这种本能，我们总是告诉她应该如何，应该表达什么，让她不能正视自己内在的欲望，她也就无法依据自己的欲望行事。这样的女孩通常不自信，没有自我，而且情绪极不稳定，不是喜欢顺从，就是喜欢无端反抗，因为她们的情感发展受到了压抑。

下面是一位母亲的感悟，它或许对我们有些启示。

我总是喜欢倾听女儿的感受，因此我们母女之间的感情非常好，女儿也能够健康地表达自己的情感。但当女儿长到十几岁时，要她把自己的感觉说出来就困难了。幸好我还能记得我在那个年龄的感受，我试着换位思考，这让我很容易理解她，特别是当她感受到沮丧和困惑时，我总是尽可能地安慰她，为她化解心事。

为了更好地帮助女儿，我还经常和我的妈妈交流。我记得我在女儿这个年龄时，当我情绪高涨时，通常自相矛盾，而且不讲道理。但是要我把这种情绪，哪怕就一点点说出来都做不到。这通常使我们母女的交流变得十分尴尬。我通常会冲母亲咆哮，说她不理解我，然后结束争吵。现在想来，我的母亲真的很可怜，我母亲告诉我，在那些争吵中，她最后总是走进自己的房间哭泣。这让我很是心酸。

这就要求父母们必须要及早关注孩子的情感培养，让孩子形成积极的情感智商。

对于女孩子来说，2～3岁是其情绪、情感发展的敏感期。此时，情感活动伴随着她的生活而存在。如何培养女儿的情感呢？

第一，让她体会到爱，并能够爱别人。比如可以让女儿探望生病的小朋友，体察同伴生病的痛苦，从而产生同情心、爱心。又如，在“给爷爷奶奶过生日”、“给爸爸妈妈和自己分苹果”活动中，让孩子体会到家庭中的亲情，产生爱家、爱亲人的情感。

第二，坦诚对待女儿迅速变化的情绪状态。2～3岁时，随着女儿活动范围的扩大，她已经意识自己在发泄自己的情绪，如哭闹、喊叫、耍赖等，但是一般父母都把这理解为“不听话”，因此会训斥孩子。我们必须让她把遇到的问题带到我们面前，同时要教会女儿恰当地诉说自己的委屈，表达自己的情感、调节自己的情绪。

孩子经常会有消极情绪出现，比如，以哭闹、生气，甚至吵架等方式表达自己的不满情绪。这时候，父母要积极引导，使孩子把消极情绪转化为积极情感。例如：我们可以以同情的口吻进行劝导：“我知道，你现在很生气。但是你应当说出来，而不应该哭闹。”如果孩子的要求合理，那么就要尽量满足她。如果不合理，就要设法解释不能满足其要求的理由，让孩子学会接受。

第三，尊重、理解孩子。

女儿不是我们的私有财产，我们也没有必要在女儿面前摆出一副“权威”的样子，相反，我们要尊重、理解孩子，对孩子的教育要细心诱导、以说服为主。切忌高声辱骂，抡拳舞臂。

由于孩子在心理和生理上与成人完全不同，我们就不能按照自己的思路来看孩子的心态，对有些问题的处理要站在孩子的立场来看。

特别是到了青春期的女孩子，她的情绪变化就更加难以琢磨，这时候父母，特别是母亲，就应该更加尊重和理解孩子。

女儿有着很难理解的情绪，但并非是故意与父母作对，她只是还不太会控制自己的情绪，特别是处于青春期时，由于生理和心理发展出现了不平衡，更加剧了她的情绪变化，使得父母更加难以理解孩子。但是为了解开孩子的心结，我们必须要与孩子建立良好的亲子关系，而建立良好的关系，必须要我们理解、尊重孩子。

第四，为孩子处理情绪、情感作出榜样。

父母是孩子最好的老师，她们会不由自主地模仿我们的行为，而我们也会有情绪的变化，比如，对重要的事情我们会有强烈的情绪或者情感，我们必须要为孩子处理情绪、情感作出榜样，当我们准备好了，觉得安全或者是情绪充盈即将爆发时，我们的情绪就会露出真相。通过观察我们的这种状态，女儿就会按照她内在的时间进程说出自己的感受。

总之，情绪、情感的培养对孩子的一生都有很大的影响，积极的情感可以增强孩子学习生活的积极性，并使其充满自信。家长应培养女儿积极的情感，引导孩子处理不良的情绪，让女儿健康成长。

爸爸对于女孩感情发展的作用

富养真经
FU YANG ZHEN JING >>>

一个尊重女性、平等对待男女性别的父亲，会给女儿极大的鼓励去追求平等，并发展其各方面能力，并使她在今后与其他男性的关系中，也会去追求同样的尊敬与理解。因此，“富养女孩”，父亲的角色不可或缺。

很多心理专家都认为：对于女孩子来说，父亲的影响力会比母亲的影响力更大。父女关系的质量会严重影响女性日后能否拥有爱和性的依恋。

根据加拿大安大略省圣杰洛大学针对 20～24 岁女学生所做的调查研究显示，父亲对女儿的感情、性心理与社会发展具有很大影响。少女时期获得父亲关怀与支持的女性，会有较好的感情与性心理发展，她们在成人后处理与异性亲密关系的能力也较强。而在女儿的青春期，父亲的角色也是异常重要的。用这份报告的话来说就是，女性是否能够坦然面对自己的性别，与她们感觉父亲是否予以肯定和支持有着紧密的联系。那些内心越认为父亲肯定她的女性性别的女子，她们对情感的把握就越稳，处理性问题的能力也越好，反之亦然。

在大约四五岁左右，女儿就已经从“恋母情结”转到“恋父情结”，这时候，她会感到父亲对她有一股强烈的异性吸引力，她用纯洁、毫不挑剔的方式爱着父亲，这种天真的爱可能持续到青春早期。对许多父女来说，这是他们关系最佳期的开始，这时候她是“父亲

的小女孩子”。

在这段时间内，女孩子会通过自己的本能，来衡量自己和母亲与父亲之间关系的不同，最主要的是，她初步懂得了怎样与男性相处及维持异性间的关系。未来与他人的关系模式可能在这时候已经定型。

家庭中有父亲的存在，能使女孩更懂得如何做女性。不同类型的父女关系，会造就出不同的女性。事实上，父亲对女性的看法，在很大程度上决定了女儿对自己的性别角色的认识。

因此，这个阶段父亲不能疏远女儿，那些缺少父爱的女孩子，通常都会对异性有一种错误的认识。

在一家心理诊室门口，佳佳正和妈妈进行着“拉锯战”，后来，佳佳终于被妈妈降服，被拖进了咨询室。

一进门，妈妈就大声喝道:“你说，快说，昨天晚上为什么一夜不回家?”心理医生发现妈妈已经气得脸色发白，而佳佳仍然一副满不在乎的样子，她不耐烦地反驳道:“跟你说了多少遍了，看电影去了。烦死了，你在家里还没闹够，又到这里来丢人现眼，也不怕别人笑话……”

心理医生连忙阻止了妈妈的讯问，他详细地问了孩子的生活情况，佳佳妈妈说：自从佳佳进入初中后，妈妈的关心常使她感到厌烦。而最难以让她理解的是，佳佳和学校的男同学走得比较近，经常一起上下学、复习功课、看电影等。妈妈多说了她几句，她就不回家了。昨天，她就又没有回家。母亲气急败坏，说着又要开始数落佳佳。心理医生连忙把母亲请到了室外，他单独和佳佳聊起来。

佳佳一直是妈妈照顾长大的，爸爸常年在国外工作。小时候，她非常想让爸爸和自己玩，想让爸爸住在自己家里(她以为父亲不是自己家人)，可是一年也难得见爸爸一回。佳佳说:“我从来没有和父亲一起吃过饭或外出游玩过，我没体会过父亲的关爱。那时候，我总是以为我没有父亲，记得在上小学时，有位同学挨了父亲的打哭了。我想，如果我能有父亲，就是挨打也值啊!”

后来，妈妈也说，佳佳和爸爸的感情比较淡漠，有时候爸爸回来她都不肯出来见面。心理医生最后告诉妈妈，佳佳的问题在于缺少父爱，对异性的了解就更加薄弱。进入青春期后，性心理萌动，对异性有一种神秘感，但由于父亲不在身边，于是自然而然地把目光投射到外部。

佳佳的情况一方面是由于青春期的性萌动、性躁动、性紧张；另一方面是由于父母在情感上关注孩子不够，父爱尤其缺乏，因而加剧了孩子对异性关爱的渴求。由此可见，父亲对于女儿的情感发展有着非常重要的作用。

当然，在女儿眼中，父亲有时候是正面榜样，有时也是反面典型，研究表明，如果女儿崇拜父亲，那么就会想要找一个像父亲一样的丈夫，一生来维护自己；相反，如果女儿讨厌父亲，那么就要找一个与父亲个性相反的异性。不管结果怎样，与父亲的关系是她判断与其他男性关系的标尺。

青春期以后，父亲对长大的女儿感到不自在，开始疏远，不再像女儿小时候那样一起玩、时常有亲昵动作。父亲不愿已经开始生理发育的女儿像小孩子那样再钻进自己怀里，但如果父亲断然拒绝女儿的亲热，女儿会感到不能理解，以为父亲不再爱她，并为此掉眼泪。心理专家指出，父亲的这一举动让女儿感到威胁、疏远、不关心，会使女儿失去安全感，也会影响女儿的人格发展。

父亲应当如何适应这一变化？普度大学的研究员法姆·卡米丽娜博士建议，父亲的角色应当由监护人转为密友。为了使孩子们能发展更成人化的行为，父亲必须要在情感上给予女儿支持。比如，在知道女儿想自己作出决定时，父亲就要鼓励孩子，当然，也可以给她一些必要的建议。父亲能够提供保护、建议和鼓励，会使女儿有信心对自己的行为负责。这将增强她们的自尊和能力。

当然，父亲和女儿能够保持亲密关系的关键，还在于父亲和其生活伴侣之间的健康而完整的关系，以及为女儿营造的温馨的家庭

环境。这样他在探讨女儿成熟过程中所出现的情感问题时，其语言才具有一定的说服力，而女儿也更容易接受父亲的给予和关爱。

夫妻互敬互爱，是女儿最好的榜样。但在有的家庭中，父亲是一家之长，这些家庭统治者希望每天下班后，家里没有人去烦他，而妻子甚至包括女儿都应该满足他的要求，并把管理孩子的责任通通扔给了妻子。青春期少女经常憎恨这种父亲，因为她感到母亲被置于弱小、从属的地位。也许事实并不如此，但她看不到父母之间关系的微妙。

因此，无论是教育家还是心理学家，都提倡父亲能够关爱生活伴侣，更应该欣赏女儿的性成熟。当然，如果孩子有过于极端的想法，比如，非常厌恶母亲，喜欢亲近父亲，那么父亲应该学会处理孩子的情感，委婉地告诉孩子：不要过界，自己的角色只是父亲，只是她的第一个男性榜样。

在女儿成长的不同阶段，父亲应该采取相应的、自己觉得比较合适的行为方式处理与女儿的关系。总之，父亲的态度，直接决定着女儿的思维方式、情感发展。

帮助女孩度过情感危险期

富养真经
FU YANG ZHEN JING >>>

青春期的女孩子进入了情感的危险期，她们对自己的身体和心理都会感到困惑，同时她们对外界的感知有所偏颇，这会影响她们的处事方式，进而造成对自己的伤害。“富养女孩”，当然不能让孩子无端地伤害自己，这就需要父母在孩子进入青春期时，给予她更多的关怀与支持，尽快抚平她内心的伤痛。

进入青春期以后，女孩子们会有一种前所未有的恐慌与焦虑，而父母们也如临大敌，因为他们无法把握这个时期的教育。

女孩子在青春期体验到的焦虑感，有很大一部分来自于她正在经历的生理变化。由于必然出现的内分泌和身体变化等生理现象及某种原因造成的病理状态，又必然会给她们的生活、学习、工作带来许多烦恼、忧愁、惊悸和恐慌。因此有人说：少女进入青春期，也可以说是到了“多事之秋”，这个时期，是女孩子的一个情感发展关键期，也是一个危险期。

由于身体的奇妙变化，青春期女孩子在对周围世界的感知方面也产生了很大变化。这一时期，少女的情绪可以用两个词来概括——抵触与困惑。月经的初潮给她们带来强烈的成人感，日趋突出的乳房使她们感到羞怯，她们一方面想把自身的变化封闭起来，一方面又把亲身的变化与别人实行比较，并且在穿着上日趋向成年女性接近。

青春期又称之为“心理断乳期”，除了身体上的变化，青春期特有的思维方式和看问题的角度，也会影响女孩情绪。她们会采取极端的方法看待世界，这使得青春期少女的视线多少有些扭曲，她们变得很过激。最主要的是，情绪情感容易两极化，逆反心理较强，处理不好独立与依赖的关系，极易出现心理问题。

青春期少女十分需要情感慰藉，尽管她们表面上要主权，凡事喜欢自作主张，但是因为她们的心理并不成熟，她们仍然希望得到父母的安慰、支持和帮助。其实，她们要求独立不过是一种虚张声势，而在内心里，她们非常害怕一个人独处。实际上，她们的这种独立只是一厢情愿，不管她们多么趾高气扬，在情感上和物质上，她们还是非常依赖于父母。

女孩子对这一点非常敏感，因此，她们总是显得很矛盾，一方面，她们对自己依赖性如此之强的事实很愤怒，经常在暗地里指责自己不争气，她们也会埋怨父母没有看到她们的成长，像对待孩子一样对待她们，以消除她们自己的怒气。但另一方面，她们内心深处还是非常感激父母对自己无微不至的关怀。尤其是，她们会对母亲更加感激，尽管她们可能与母亲吵得最凶。

一个 12 岁的女孩子说："我同妈妈经常争吵，但现在我感到她更亲切，因为她总是能够读懂我的心事，她告诉我，她也有过我这种经历，因此，我不会再有孤独的感觉，同妈妈呆在一起也很自在。当然，我也很爱爸爸，但是自从我 12 岁以后，就觉得和妈妈更亲一些。当我说：'妈妈，你猜发生了什么？'妈妈会用心去听。而爸爸则很粗心，他不听或者根本听不懂我说的话的含义。"

如果进入青春期的女孩子拥有一个能够理解孩子的母亲，那么她的心理发展就会很顺利，正如案例中所说，孩子会觉得自己并不孤单，不会认为自己进入了一个从来没有人进过的沙漠或者丛林中了。当然，我们前面也说过，父亲的角色也不可或缺，只是，这个时候，父亲们，特别是我国的父亲们，一般都会退避三舍。因此，面对青春期的女孩子们，母亲们要奉献更多的爱心和理解。

心理教育学认为：如果父母能够保持同女儿的密切联系，青春期的其他问题就都可以迎刃而解了。和女儿保持开放式的交流，那么孩子就愿意倾听父母的关于青春期的建议，她们喜欢听母亲与自己相似的经历，也喜欢听父亲对自己的评价，尤其是良性评价。

同时，也只有开放式的沟通，才能让父母比较容易接纳女儿的男友、新潮的或古怪的服饰和古怪的语言模式，也许从女儿那里，我们还能学到一些新的东西。当然，更主要的，我们要让女儿学会为她自己负责，相信她的正确判断和合理选择。

我们已经知道，来自父亲的爱和交流与来自母亲的爱和交流对女儿的影响是不同的，透过父亲对其情感和身体上的关心，女儿认识到，男性是富有爱心的、善良的、友好的、直率的、体贴的，而且是强有力的，这对她以后的婚恋生活都有极深的意义。

尽管得到了父母的爱，青春期的女孩子还是容易受伤，这与她的敏感性是分不开的。感情受到伤害是件很痛苦的事情。处于青春期困惑中的小女孩更是如此，由于没有成熟的逻辑思维能力，她们可能无法判断事情的对与错，只是感觉到委屈、无奈，她可能想躲进自己的小屋里大哭一场，也可能想要跑到原野里大声喊叫一气。有一些女孩子还可能会出现一些极端的想法，比如希望跑到火星上去开始一个没有人知道的新生活。

这是女儿在向我们表明：她的感情已经受到伤害，此时，我们千万不要嘲笑她，使她因为怕在别人面前哭泣，感到很难为情，而不敢把内心所受的伤害向人倾吐。这个时期孩子如果把心事埋在心里很容易出问题，最后不是身体上出现病患，就是心理上形成阴影，对孩子的健康非常不利。

因此，在这个时期，如果孩子实在不愿意和父母沟通，那么也要帮助她找到可以排解心事的渠道。告诉女儿，她可以采取以下行动：

第一，可以找一个人倾诉。在这之前，一定要帮助女儿和自己周围的伙伴建立起健康的人际交往关系，这样，在自己有困惑的时候，才能够找到可以倾听自己心事的人，如果孩子的人际关系一团糟，那么她可能对谁都不放心，诉说心事也就无从谈起。

第二，要让孩子懂得维护自己的感情，维护自己的权利。如果孩子受到伤害，那么可以让她跟伤害自己感情的人谈一次话，让对方了解她所做的已经伤害了人。如果对方并不是故意的，那么很容易就会解开心结，如果对方是有意的，那么通过这样的沟通，女儿至少也找到了一种宣泄的渠道，不至于埋在心里，自怨自艾。

第三，仔细考虑一下是否继续与伤害自己的人保持关系。如果这个人根本无视自己，那么继续交往下去，可能会受到更多的伤害，因此，建议女儿可以终结这样的关系。

第四，对于特别隐私的感情，不愿意和任何人谈起，可以把感

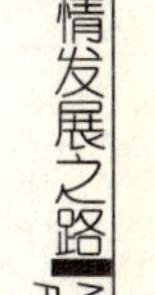

受写在日记里或“自读”信里。写日记，一方面会帮助孩子将全部伤感和痛苦从心中排解出来；另一方面还可以帮助孩子自省。

无论如何，女儿受到了伤害，就要让她尽情释放感情，如果没有人可以诉说心事，可以找一个地方放声大哭，把愤怒、伤心、惊慌或无论其他什么都发泄出来，这样，才能度过情感危机，不会形成更沉重的心理阴影。

让女孩更加合群

富养真经

FU YANG ZHEN JING >>>

一个不合群的女孩子，总是难以建立积极的情感，不是过于内向自卑，就是容易自以为是，目中无人。少时的不合群还会演化成成年后的无法与别人进行沟通和合作，这会影响女儿一生的幸福，因此，“富养女孩”，就要让女儿变得更合群，更愿意与人交往，对陌生的环境能更快地适应。

如果女孩在成长的过程中，总是无法和别的小朋友合群，那么也会影响她的情感智商，最终，她不是形成了孤僻的性格，就是自以为是，自欺欺人。

合群作为一种性格特征，具有既能够接受别人，同时也能被人接受的社会适应性特点。一个合群的女孩子必然是快乐的，也是最能够稳定成长的。因为合群的孩子乐意与人交往，她不会封闭自己，并善解人意，能够热情友好地对待他人。尤其是，一个合群的女孩子在与人相处时，她的态度通常都是积极的态度，比如尊敬、信任、喜悦等，而那些诸如仇恨、嫉妒、怀疑等消极的态度则很少。相反，那些不合群的孩子无法与别人建立和谐的人际关系，几乎没有知心朋友。

没有和谐的人际关系，不仅使孩子将来无法正确把握成功的机会，而且还会使人在心理上缺乏安全感和归属感，形成心理疾患。比如，极端自负或者极端自卑，最后都形成退缩和孤独的心理障碍，有碍于孩子的身心健康发展，也不利于孩子积极情感的培养。

> 这该是怎样的一种绮丽
> 在一个旭日喷薄的清晨
> 徜徉在微风吹拂的沙滩上
> 倾听海洋蔚蓝色的呼吸
>
> 面对大海
> 面对无数流逝了的世纪
> 不知不觉　心的四周
> 轰然坍塌了
> 忧郁垒砌成的墙壁
>
> ——汪国真《海岸》

其实对于女孩子来说，她们的潜意识里是用关系在解释社会的，女孩子的优势都是围绕关系展开的。所有的女孩子最初都喜欢语言、社交和与人交流，包括那些非常文静而又胆小的女孩子。但是为什么仍有一些女孩子，总是无法与别人合群，他们要么喜欢独来独往，要么不能很好地把握人际关系呢？

这可能是父母的教育出了问题。比如父母总是限制幼儿的行为。有些父母怕自己的孩子受欺负或“不卫生”，限制孩子与小朋友往来，动不动就说:“冬冬太淘气，不跟他玩。”“巧巧真不卫生，不同她玩。”孩子就会受到影响，变得不合群起来。

另外，如果父母不注意发展孩子的人际关系，那么那些性格内向、喜欢安静的孩子也会出现不合群的现象。

其实，孩子个性的形成和社会适应能力的发展与父母的文化教养和管理子女的方式有着密切关系。若父母给孩子足够的爱，并与女儿保持亲密的关系，在教育过程中以鼓励、支持帮助为主，那么孩子就会懂得爱、善于交往，既机灵且自信，情绪稳定，并能够迅速适应环境的变化。反之，如父母要求过严或对孩子施加过分的保护，那么孩子可能缺乏自信，没有感情或者缺乏独立性，胆小并且情绪不稳定等。也就是说，如果父母的教育不当，或者与孩子之间的关系不妥，那么就会让孩子形成消极的情感，进而对人际关系产生恐惧，不能正常与人交往。

除了父母教育不当，还有其他一些因素，也容易导致孩子不合群。主要有以下几种：

第一，对陌生环境的不适应。

王楠随着调动工作的父母来到了新的城市，并且很快走进了新的学校。可是，在这所学校里，王楠觉得很不习惯，她听不太懂当地孩子的方言，也无法与那些同学进行交流。

下课的时候，一群女生围在一起跳皮筋，可是她却远远地站着，怀着羡慕的心情看着，但是，当有同学邀请她时，她总是拒绝。久而久之，王楠成了班里的“独行侠”。

本来就性格内向的王楠变得孤僻，她上课不敢举手，遇到问题也不敢问，心情变得格外忧郁。一个学期下来，本来成绩不错的她有好几门功课开了“红灯”。

王楠就是因为对陌生环境不熟悉、不适应而造成了不合群。随着时间的推移，她可能会找到自己的伙伴，但是父母们不要对此不加重视，因为一般来说，这样的孩子都很内向，在环境发生改变的时候，不善于改变自己以适应环境。

我们都知道，在这个激烈竞争的社会中，不能适应环境的人，总是第一个被淘汰，因此，富养女孩，要求父母们一定要注重孩子适应性的培养。

心理卫生学家卢格说过：“人类的心理适应，最重要的就是对人际关系的适应。”孩子能否很快融入新集体与别人和睦相处，有赖于她的人际交往的能力。内向不善交际的孩子，可能因为无法与周围的人进行沟通而显得很孤单，还容易与同伴之间发生矛盾和冲突，还有一些孩子为此而产生焦虑不安的情绪，甚至出现不愿上学、怕没人跟自己玩、怕受人欺负等问题。而交际能力强的孩子则能很快适应新的环境，融入集体中，与小伙伴互相学习、互相促进。

因此，父母一定要帮助自己的女儿提高交际能力。提高女儿的交往能力，需要从身边的小事做起，从孩子出生时就要实行。例如：让幼儿学会与他人友好和睦地相处，包括学会谦虚、有礼貌，能与小朋友分享玩具，不与小伙伴追逐斗殴，等等。

父母要鼓励孩子多交朋友，并为孩子创造与别的小伙伴进行合作的机会，只有共同决定大家要做的事，在别人需要帮助时，愿意给人帮助，在集体活动中学会与别人合作，共同完成任务，孩子的交际能力才能得到提高。

很多家长也喜欢把女儿带到一个集体氛围之中，但是他们并没有注意到孩子是否在与别人进行交流。很多孩子在一起玩游戏，但他们是各玩各的，很少有交流，没有沟通与合作，孩子的交际能力同样不能建立起来，应该鼓励孩子与别人同玩一种游戏。

当然，女儿在一起游戏时，不免也会与他人发生矛盾冲突，要么是女儿喜欢人家的东西想要据为己有，要么是人家看到了她的东西，想要强行霸占，有时为一个很普通的玩具也会抢来抢去，不分高低，甚至会打起来。一般的父母都认为女孩子是弱者，特别是当对方是男孩时，他们就更会强化这种意识，他们喜欢伸出手帮助自己的女儿，这样的做法不利于孩子的交际能力发展，更不利于孩子

的情感发展。

其实，遇到这些情况，父母不要紧张，也不要不好意思，更不要强行让一方服从另一方，处理孩子之间争抢玩具，最好的办法，就是引导孩子们相互交换玩具。

第二，孩子自信或者自卑也会让她难以合群。

有些孩子不与同龄人玩的原因是不自信。比如，觉得自己比别人丑、不如其他孩子聪明等。如果是因为这个，父母就要在日常生活中多称赞孩子，让女儿发现自身的优点，帮助她建立起自信。对于孩子的缺点，千万不要指责、讥讽，而要帮助她提高这方面的能力。

与缺乏自信相反，恃才傲物、自命不凡是另一些女孩子不合群的原因。对于这种情况，父母就采取和第一种孩子的教育模式相反的方法，引导孩子多注意他人优点，让她明白“三人行必有我师”的道理。时间久了，孩子会形成积极的情感，也会变得合群了。

第三，没有体会到交际的快乐。

有些孩子虽然愿意和别的孩子一起玩，但是由于自私，不会关心别人，也不愿意帮助别人。因此他们始终体会不到关爱别人的幸福感，也不知道因自己的关心引起别人积极反应之后反馈回来的满足感，因此，他们对交往就会感觉索然无味，最后完全丧失自信心。

其实，小女孩总喜欢同其他小孩在一起玩，父母只要经常把女儿带出去，参加各种需要合作的活动，那么孩子就能与伙伴们进行良好的沟通和合作，并能够在各种接触中，建立起积极的情感。

和女孩讨论一下什么是爱情

富养真经
FU YANG ZHEN JING >>>

“富养女孩”，要求父母要让女儿认识到爱情的美好，同时也要培养女儿对感情危机的承受力，不是避开情感关系，而是正确对待它。这样的态度可以使女儿对可能发生的感情危机有更好的承受力，不致因噎废食。

青春期来临后，女儿开始关注起异性来，这时候，很多父母都担心孩子会早恋，因此，他们像防贼一样防着女儿，但是这样对女儿爱情观念的形成没有一点好处。因此，父母要开放一些，可以坐下来，和女儿讨论一下什么是爱情。

在现代的社会中，孩子们很容易对爱情产生玩世不恭的看法，这种对情感专一、持久的怀疑，大部分来自对自身家庭和周围家庭的观察。

一个女孩子在日记中这样写道：

“我一直认为我的父母的婚姻很幸福，我有一个和谐一致的家庭，我也因此一直生活得无忧无虑，但在我大学一年级时，忽然我的家庭破裂了，当时，我一点儿准备也没有，我想，很可能爸爸妈妈原来的关系就不好，而我一直被蒙在鼓里。由于有了这种经历，我一直不敢与别人建立深入的关系，我已经无法相信什么‘天长地久’，因为我担心，即便开始很不错，但最终还是要破裂，而且关系越深，打击越重。

那天，我拒绝了那个令我心仪的男孩的求婚，那个男孩很难过，但是我其实更难过，我不是不喜欢他，我是不敢与他进一步发展关系啊。”

这是一种非常折磨人的想法，但有她这种想法的女孩子并不少见，有很多女孩子宣扬：如果对方不爱我，那我为什么要爱他？我不要首先付出，只有这样，我才能避免受伤。她们不相信任何真诚持久的爱情，她们总是在提防着男孩子，害怕自己被利用，警惕他们的行为或言语，这样一来，她们对爱情已经变得麻木，即使有一份真爱摆在她们面前，她们也不懂得珍惜。

对爱情的专一与真诚产生怀疑的另一个病态结果是，女孩子会将与男子的关系看得不严肃，随便发生关系，又随意撤出，既不对对方负责，又不对自己负责。因为她对真正的爱情根本不抱有幻想，所以也不肯为未来具有特殊意义的感情保留自己最珍贵的童贞。同时，无论爱情出现还是结束，从不考虑对方的感情，一切都我行我素。事实上，持有这样的态度往往伤害的还是女孩子自己。

桃之夭夭，灼灼其华。
之子于归，宜其室家。
桃之夭夭，有蕡其实。
之子于归，宜其家室。
桃之夭夭，其叶蓁蓁。
之子于归，宜其家人。
——《诗经·桃夭》

还有一些女孩子，她们经常把爱与占有欲相混淆，认为男友对她关心与爱护的表现就是要一直同她在一起，她们难以忍受片刻的分离，否则就认为这是对方变心的表示。我们都知道，这样往往会扼杀健康的关系。一个完全失去与男友以外的社会空间接触的女孩，不但迷失了自己，不再有价值感和满足感，她也很快会令男友感到疲倦，并害怕自己背了包袱而非常想甩掉她。就像是拼命抓住一把沙子，结果越抓得紧，沙子流失得越快。健康的恋爱关系，是双方都有独立的自我空间，这对于女孩子来说尤其重要。

有一个女孩子失恋了，她非常难过，以至于抑郁成疾，不得已，她妈妈把她带到了心理医生那里，心理医生问道：

“是你更爱他还是他更爱你？”

“当然，我更爱他。”女孩答道。

“那么，是他失去了最宝贵的东西。你为什么要这么难过呢？”

女孩豁然开朗。

那么，跟女儿讨论爱情，都应该关注哪些问题呢？

第一，要告诉女儿什么是正确的恋爱态度：

1. 保持自我。任何一种爱情中，如果有一方在这种关系中不能保持自我特征的存在，总是以对方为中心，那么她不但丢掉了自尊，同时也失去了自立的能力。越是没有自我，越是容易成为被遗弃的对象，也就越容易受到伤害。

“男孩子喜欢我是因为我聪明而有趣，”一个大学一年级的女生说，“我自己决定做什么，我不让任何人告诉我做什么，如何做，或者怎样装扮。”这就是正确的态度。

2. 保持平等。如同一个温馨的家庭需要成员之间的平等，同样，健康的恋爱关系也只有双方保持平等，关系才有生命力。恋爱双方应该互相尊重彼此的需要，任何一方一味屈从、压抑自己的愿望，都会导致这种关系产生倾斜，并最终造成关系破裂。

3. 要有独立的对事业的追求。确立了恋爱关系，不意味着自己就可以以爱情为生，而放弃所有的追求。因此，父母要告诉女儿：保持同男友的关系，又保持自己对成就的追求，这两者并不矛盾，尽管有时候会有冲突，但是总有办法可以寻找到平衡。

第二，告诉女儿真正的爱情首先是心灵的沟通，是心与心的交

融，是相互间精神上的寄托和拥有。

特别是对那些否定爱情的真挚性的孩子，要让她正确地认识爱情，知道爱一个人并被这个人所爱是一件美妙的事情。当爱情来临时，你会感到生活是那样的充实和美好，因此，不要总认为被爱才是美好的。

的确，被爱也许会感觉到幸福，但是只有爱，才能享受那份美好，尽管那里可能会浸着无尽的痛苦。

第三，对待周围失败的婚姻和感情，要能够帮助女儿进行正确的分析和认识。

车祸时有发生，但是我们不能因此而放弃对汽车的使用。同样，我们不能因为看到周围的一些家庭爱情失败的案例，就认为全世界的爱情和婚姻都是一种悲哀，不相信世界上还有真正的情感。世界上的确有一些对感情玩世不恭的人，但是他们自己其实非常空虚，也许他们要用一生的遗憾来偿还这种不负责任的行径。

父母们要让女儿相信：每个人都有权利享受到人间最美丽的感情，只要自己保持正确的恋爱态度。

第四，性生活。这是一个敏感但又不得不提及的问题。因为谈到爱情和婚姻，女儿可能会问："贞洁是否重要？婚前的性生活是否会影响今后的婚姻？男性会不会在乎女孩子的贞洁问题？"父母不能回避这些问题，但是回答不好这些问题也会使女儿形成错误的爱情观。那么具体应该如何解答呢？

在今天的社会里，我们恐怕很难找到明确的答案。我们既不能主观地否定，又不能客观地认同。如果我们很主观地否定一切婚前性生活，肯定贞洁应奉献给第一次婚姻，我们就会有着被女儿斥为保守而失去影响力的危险。因为现在的社会环境如此开放，父母不再是影响女儿的唯一权威，即使父母和女儿的关系曾经非常密切，也无法在这个问题上左右女儿，除非她是一个非常喜欢顺从的小丫头。可是让我们对女儿说效仿他人的榜样吗？任随她愿吗？这是一种不负责任的表现，相信所有的父母都不会如此草率。女儿对我们来说是太珍贵了，她就像是那珍珠美玉，我们如何能够让她落入虎口之中呢？那么到底该如何回答这个问题呢？

我们可以这样讲：“真正的幸福需要忠诚，需要忍耐，需要对自身情感的尊重。”当然，我们的意图是要告诉女儿，应当珍惜自己的贞洁，因为说到底，培养这样的认识是父母不可逃避的责任。只有从这个角度来教育女儿，才不用担心被斥为保守、过时，作为最珍爱女儿的父母，我们有理由理直气壮地这样做，因为从心底来说，我们希望女儿获得真正的幸福。

总之，要使女儿健康成长，父母要使她们有机会实现自身的事业追求，培养她们女性的独特心灵。同时，也不能否定她的恋爱婚姻，但是一定要让自己的女儿树立正确的恋爱观，并能够在恋爱中保护自己。

第十章

为孩子架起艺术的天梯

——为提高女儿的文化修养投资

女孩子本来就是上天恩赐给我们的艺术品，对女儿进行艺术素质的培养，将直接影响女儿成长中的价值趋向、思维方式、生活观念等。由于女孩子特有的敏锐和细腻，她们对艺术往往有着独到的理解。父母要做富有生活情趣的人，要有一定的艺术审美能力，女儿才能受到积极的影响。因此，从小培养女儿的艺术素养，对女儿的终身成长大有裨益。

帮助女孩学会欣赏美

富养真经 FU YANG ZHEN JING >>>

一个人能够生活得富有情趣，就要有一双发现美的眼睛，有审美的能力，因此“富养女孩”，就要帮助女儿学会欣赏美。哪怕只是蛙声一片，抑或是断井残垣，也要让孩子能够品味出一种别样的韵味，学会欣赏美，孩子就有了心花怒放的理由，就有了创造美的欲望。

女孩本是美的代名词，如果她不懂得欣赏美，那么就会变成没有感情、没有灵性的动物，甚至连聪明伶俐都变成她的缺点了。因此，“富养女孩”，一定要帮助女儿学会欣赏美。那么到底如何帮助孩子学会欣赏呢？

第一，建立平和的心态。

欣赏是一种复杂的高品位的精神享受，它大概有两个方面的含义：其一是指享受美好的事物，领略其中的情趣，如音乐欣赏；其二认为某人好而赏识赞扬，产生钦佩的心理，并立志向他看齐。

欣赏不以占有为目的，因此，学会欣赏，首先要拥有一种谦逊平和的心境，摆正主体与客体的位置，走出“饥者歌其食，寒者歌其衣”的局限，用一个局外者、审美者的目光发现美，遵循美的规则建设美，使美锦上添花。只有这样，美的事物才会充分发挥它的潜能。

从这一点来说，那些失去对美的欣赏力的孩子，不仅是一种不

幸，对其悟性也有坏的影响，这样的孩子，就算头脑很好，她们也总是会受到思维的局限，对人生也难以感悟到快乐和情趣。

第二，不要忽视生活美。

不是只有艺术领域才有美可赏，生活里到处都是美，俗话说：爱美之心人皆有之。一件漂亮的衣服，一句让人温馨的话语，一片在眼前飘过的亮丽的红叶，可能都会引起我们的愉悦之情，这就是美的作用力。

岂是绣容残吐，
卷起半帘香雾，
纤手自拈来，
控释鹃啼燕妒。
且住，且住！
莫使春光别去。

——曹雪芹《红楼梦》

父母的审美观对孩子是有影响力的，也许是不经意的一句话，就可能让女儿形成对某件物品的喜恶。比如不喜欢狗的母亲，她的孩子可能认为所有的狗都很难看。

第三，不能过分限制孩子对自身美的关注。

对于女孩子来说，审美的开始通常都是从对自身的关注开始的，即使很小的女孩子，照镜子的频率也会比男孩子高。那么，对于孩子对自身美的关注，父母应该怎么进行培养呢？作家苏杭用实际行动为我们作出了回答。

苏杭的女儿很爱美。看到一些小朋友着装艳丽，或戴项链、手镯，不免流露出几分羡慕。她悄悄地问妈妈："园园涂红指甲好不好看？"

苏杭从不限制女儿在穿戴方面的选择，也从不依照自己的观点硬性规定女儿什么可穿或哪些不可穿，因为她认为女孩子就应该有自己的审美观，这能影响生活的态度。同时，不过分限制孩子，也防止孩子产生逆反心理。

一次，苏杭花了10元钱买了5公斤毛线头，那是毛衣厂的下脚料。她把五颜六色的线头一截截接好，给孩子织了十来件衣服，因为颜色俱全，而且苏杭又精心设计出各种富有童趣的款式和图案，衣服显得新潮又漂亮。女儿简直高兴极了，她总是迫不及待地站在正在编织的妈妈身边，问："妈妈，到底什么时候能够织完？"

自从女儿穿上这件衣服后，她特别喜欢出去玩耍，因为无论她站在哪里都会有一群小朋友围着她，摸摸她衣服上的漂亮的图案，羡慕极了。而她的这些衣服同样吸引了一些大人关注的目光，好多阿姨都蹲下来，和她聊天，同时还对她的这些衣服问长问短。

正是有了这样的经历，苏杭的女儿很早就懂得了美丽的内涵，难能可贵的是，除了表面上的美丽，苏杭的女儿更能体会深层美的内涵。因为苏杭一直病体缠身，却为女儿精心编织了这些衣物。在女儿心中，衣服是美的，妈妈则更美。

女儿在自己的诗作《母爱》中这样写道：

两肘，磨破后结出层层铁皮。谁能相仿，十二件精美的毛衣，是躺着的妈妈，用碎毛线头，艰难地纺织，人们都欣赏它的奇妙设计，可我却懂得了，豪华的，不一定珍贵美丽。

苏杭曾经说过："我以母亲真挚的爱，春风化雨般地滋润着女儿健康的审美情趣。"的确，这样的女儿，也是美的。

第四，创美境。

诗人歌德曾经说过："为了不失去神给予我们的对美的感觉，必须天天听点儿音乐，天天朗诵一点儿诗，天天看点儿画儿。"

无论是音乐、绘画还是文学，总是能够给人创设一种轻松、活泼、和谐、愉悦的氛围，能拨动人的心弦，让人从内心深处感受到轻松美妙，而且在不知不觉间激发了孩子的好奇心理和学习欲望，

因此，要多为女儿准备一些美的作品，并引导女儿去欣赏。

第五，发现美。

美无处不在，就看我们有没有发现的能力，培养女儿的审美观，就要培养女儿的发现能力。

一位哲人曾说过：“你与我擦肩而过，并不是因为我们素不相识，而是因为我们没有从对方身上发现美。”的确，清风是美的，月影是美的，就连那草地上相斗的公鸡也是美的，只要我们能够看到那里的美韵。美总是在不经意间从人的身旁流走，是那样的安静，无丝毫痕迹，但如果我们教会女儿用欣赏的眼光看待周围的一切，那么她就能够发现美，认识美，感悟美。

第六，体验美。

著名教育家苏霍姆林斯基说过：“对美的感知和理解，是审美教育的核心，是审美教育的要点。”学校里经常会有对美的感知的教育，比如，音乐课中的学唱歌曲，聆听音乐，其实就是感知和理解音乐，体验和探究美的过程。而我们的父母也可以对此给予孩子一些特别的启示，比如，和女儿讨论对某首歌曲旋律的理解。

第七，创造美。

大自然有鬼斧神工，但是人类同样能够巧夺天工，让女儿能够欣赏美，同时还要让孩子学会创造美，比如可以让女儿随便哼唱一些曲调，或者信手涂鸦，或者当有很深的感悟时，可以写一些自己的心里话，虽然这些都不能称得上作品，但是它创造的却是一种美感，能激发女儿的灵感，增强对美的欣赏能力。

第八，评价美。

对一个女孩子来说，尤其是受到父母积极审美观影响的孩子，她们在听一首美妙的音乐，唱一支动听的歌曲或学跳一段活泼的舞蹈时，都会有美的体验、美的熏陶和美的享受。她们在不断的欣赏过程中，会形成自己的观点，这使她们形成一种评价美的冲动，这时候，父母要积极支持她们，即使她们的评价显得非常稚嫩，也不要当头棒喝，以免打击孩子的积极性，让孩子在美面前无所适从。

让孩子欣赏美，最终的目的还是要让她学会评价美和鉴别美，没有自己的观点，那么就等于不理解美的内涵。当然，父母可以在孩子对美一无所知的情况下，告诉她一些成熟的欣赏美的评论性文章，让孩子从中学习借鉴。但一定不要让孩子人云亦云，并不是大家都认为美的东西才美。

孩子的审美观还是一片净土，需要父母的积极开发和正确引导。形成积极的审美观，不但有利于女儿提高自身素质，形成自己独特的气质，同时还有利于提高孩子的探索能力、想象能力和创造能力，间接地提高孩子的学习成绩。

让孩子充满情调地开始生活

富养真经
FU YANG ZHEN JING >>>

一个有情调的女性能从生活的残缺中感受到完美的意境，能从生活的枯燥里看到趣味的光环，能从平淡的生活中品味幸福的滋味，这样的女孩子，无论她拥有什么样的生活条件，总是能够把生活过得有滋有味，因此，“富养女孩”，就要培养她的情调。

情调是滴洒在人心中的一脉温馨，有了它，人们才能够把枯燥无味的生活过得有声有色。

这不是一个诗意的世界，但是却需要一份诗意的心情。生活不尽如人意，但能改变生活的是我们的态度。与其怨天尤人、苦苦挨那漫长的岁月，不如找出点情调，让自己短暂的一生活得与众不同些。

对于一个女孩子来说，让她学会富有情调的生活很重要。为什么要这样说呢？一个有情调的女性，懂得调配沉闷的氛围，能够发现暗淡色彩里的一抹亮色。因为有了这样的情趣，困难不再面目狰狞，重负不再沉重，挫折不再难以承受，谁不喜欢和这样的人在一起呢？因此，只有这样的女性，她才有很多的朋友，并能够获得别人的信赖。

相反，没有情调，绿盈盈的心田会变成寸草不生的荒漠，生机勃勃的境遇会瞬间急转而下，一切都会显得百无聊赖，甚至萎靡不振。就像是植物需要雨水的滋润一样，生活也需要情调的滋润。对于男性来说，情调就是打拼，情调就是竞争，这样的情调总是充满了火药味，无法营造轻松愉快的生活氛围。因此让生活充满温馨的情调，就责无旁贷地落在了女性身上。

有人说：情调是女人全部智慧、修养、勇气和力量的外化，因此，“富养女孩”，主张培养女孩子的情调。

那么，怎么样才算是有情调呢？

第一，拥有高深的文化素养。

情调不是一种做作，而是一种深厚修养的外在体现。首先，要培养女孩子高深的文化修养、学识、经历、教养的内在美质，得要给她时间，让她自己去挖掘，慢慢发现、品味。只有有了丰富的学识修养，才有可能有别具特色的情调。一个内心丰富而妩媚的好女孩，会在冷暖人间找到一份温馨和幸福。

第二，能够制造快乐。

美国曾经有一个女明星斯蒂娜，她并不漂亮，演技也一般。另有一位实力派演员爱伦，容貌也是属于一等一的美女。斯蒂娜和爱伦比起来，显得有些逊色，唯一的长处是她比爱伦多了一张会微笑的脸。爱伦的影片总是叫好不叫座，而斯蒂娜演出的影片则非常受欢迎。

爱伦非常不解，到底人们喜欢她什么呢？后来有人分析，当时，正处于战乱的调整期，人们的思想意识里已经无法再承受沉重，而更向往一些轻松愉快的氛围，而这正是斯蒂娜所具有的魅力，因此，她才如此大受欢迎。

同样，我们的生活也是如此，谁喜欢给本来枯燥的生活罩上沉重的外衣呢？因此，培养女儿的情调，一定要让女儿有一个乐观积极的心态，让她能从生活中发现一切积极的因素，并带给周围的人欢愉。

第三，要有幽默感。

如今的社会，幽默已经不再是男人的专利，女性也需要一些幽默。当然，幽默与滑稽近似，但却有本质的区别，后者是不懂幽默而在那瞎搞笑，真正幽默的人是表面上看似平淡，实际却透着深刻的意境。对于一个男性来说，可以滑稽，但是对于女性来说，只有幽默才能够博取众人的心。培养女儿的幽默感，父母要注意这一点。

情调和幽默全在于人的思想、品位、心境在日常学习生活中的修炼。因此，这就又回到了第一条，提高文化修养。我们常说一个人傻，并不是说这个人的智商低，而是说他(她)缺乏情调和幽默感，也就是他(她)的情商低。这也就泛化出另一点——提高情商。

第四，培养情商。

人们对于情商虽然不陌生，但也绝谈不上熟悉，大多数家长对于这个词的理解都是通过报纸电视等媒体得来的。但是具体到底是什么，人们一无所知。

有一位律师曾经这样说过：

“我知道情商这个词，也知道对孩子来说，情商很重要，它是对孩子综合素质的一种培养。但这几年光看到搞研究的人写文章对这个问题讨论来讨论去的，却从来没有看到过在现实生活中怎么具体操作，比如说我的女儿刚满 1 岁，我知道从哪些方面去培养、提高孩子的智商，可情商怎么培养，我一点概念都没有。”

那么，情商到底是什么？如何培养情商呢？

情商又称“情感智力”，来源于一本畅销书《情感智力》，这本书的作者是哈佛大学心理学教授、《纽约时报》专栏作家丹尼尔·戈尔曼。他提出的情感智力就是指人类了解、控制自我情绪，理解疏导他人情绪，通过情绪的自我调节、控制以提高生存质量和决定人生未来的关键性的品质要素。

对于任何一个人来说，成功的关键不在于智力，而在于能够自我调节和自我管理。培养女儿情商的方法有许多个方面，但核心的无非是引导女儿准确地感知并处理好自己的情绪；能为自己准确定位。能理智地控制情绪，就能获得良好的人际关系。

这样一说，情调似乎和情商相隔甚远，但其实，情调和情商却有着必然的联系。因为不懂得自我管理和自我控制的女孩子，不知道生活的美是人为创造出来的，她可能会因为无法控制自己，而破坏生活的美感，因此，情商不高的女孩子，通常没有情调可言。

英国女王伊丽莎白二世说:“我想我没有什么特别的生日礼物，如果生日当天能够拥有一个阳光灿烂的好天气，然后可以出去晒晒太阳，那就是最好的生日礼物了。”

这就是一种富有情调的语言。在长年被阴霾笼罩的伦敦，伊丽莎白有这么一个愿望，是因为她懂得生活，能够让自己的心释怀并感到舒畅。说起来，情调并不一定要小资，不一定就是美酒加咖啡，时装加特立独行，只要觉得快乐，能够给人快乐就很好。能进行自我调节和自我管理，这就是情调和情商之间的关系。

有情调的生活首先应该是健康的。病态的奢侈追求，即使常常让人耳目一新，但是因为有了奢华做底色，总会给人一种做作的感觉，一种沉重的感觉，好像没有经济实力，便没有资格享受有情调的生活。

其实，生活到处是美。捧着一本书坐在图书馆的一角抑或湖边细细研读，是颇有情调的；把自己独特的心情融于山水阳光加以品尝，聆听大自然的声音，也是一件惬意的事呀。说起情调那回事，其实就是一个舒畅而又不一般的生活境遇罢了。

培养女儿的情调，纵使外面的世界喧嚣热闹，她也不会扰乱内心的静谧，即使外面的生活浮躁粗糙，也不会影响她内心的精致细腻。无论生活给了她什么，都应该告诉她：在内心深处，留下一片空地，给自己添上有情调的生活。

让女孩爱上阅读

富养真经
FU YANG ZHEN JING >>>

阅读是知识丰富的开始，是各种学习的基石，无论要了解近在眼前的生活，还是远在天边的世界，阅读都可以给我们想要的答案。因此，“富养女孩”，就要让女儿爱上阅读，当然，这需要父母从小就培养孩子的阅读习惯，让她发现阅读中的乐趣，并愿意通过阅读来理解世界、提高自己。

对于女孩子来说，阅读是快乐的。很多成年的女性在提到童年的快乐时，总是会说到听父母读书这一场景。

23岁的小刘说：“那时候，我真的很喜欢听爸爸妈妈给我读书，因为有了那些书，我觉得我们的生活非常有意思，我总是在脑海里想象着白雪公主的样子，还有格列佛所经历的那些世界。那时候，我总是缠着妈妈一遍一遍给我读《灰姑娘》的故事，我记得当时我问妈妈：‘我什么时候会有这样一双水晶鞋呢？’我妈妈被我逗得哈哈大笑，然后告诉我，那样的水晶鞋在书里呢，只要我认真读书，就能发现，于是，我爱上了读书。直到现在，我仍然十分喜欢阅读。”

大概所有的小女孩都喜欢阅读，因为在那些童话故事里，有很多她们为之牵挂的人物，也有很多她们羡慕的英雄，还有很多她们想拥有的梦想。

很多的教育学家发现，女孩子非常喜欢自己阅读，也喜欢听父母亲讲，讲过十几遍的老故事她们也一样爱听。教育心理学家们认为，女孩子们喜欢阅读表明她们不愿意做旁观者，而是要融入她所能感知的关系中去。通过和父母一起阅读，孩子可以发挥自己的想象力，按自己的方式参与、安排故事，并从中反映、分享她们的愿望和快乐。最重要的是，女孩子通过阅读，提高了自己的文化修养和艺术品位，对其独特气质的形成以及学习成绩的提高都大有裨益，因此，“富养女孩”，提倡我们从小就培养孩子的阅读能力。

著名的作家毕淑敏曾经说过：阅读是一种孤独。我们当然不希望自己的女儿从小就陷入一种孤独的氛围之内，但是至少，我们应该让她享有一片属于自己的静谧天空。在那里，她可以自由徜徉，天马行空。

同时，孩子需要的不是某种概念，她们所需要的是适合她们胃口与兴趣的书，只有这样的书，才能让她们产生共鸣，或者能够从中受到深深的震撼，并能够把书中的内容和自己的生活结合起来。

可是对这个世界一无所知的孩子，对我们的文化方式根本无从认可，比如，一个小学生，在学校布置了一大堆的阅读任务之后，感到非常不解，她在自己的日记中写道：为什么要阅读？

我们都知道，阅读可以提升一个人的品位，阅读可以让一个人多了解一些这个陌生的世界，阅读可以改变一个人的思想，阅读可以……阅读有很多很多的好处，前人们关于阅读有许多精辟的论道：

莎士比亚深信，阅读的习惯会决定一个人后天的命运，他说：“人的美丑是先天带来的命运，有没有素养则是书籍造就的命运。”

英国教育部长布朗奇说：“每当我们翻开书页，等于开启了一扇通往世界的窗，阅读是各种学习的基石。在我们所做的事情中，最能解放我们的心灵的，莫过于学习阅读。”

似乎前面那个孩子提出了一个愚蠢的问题，因为阅读的好处显而易见，可是作为父母，我们却不能这样想，因为童言无忌，孩子出现这样的疑问，很可能主要的问题就出在我们身上。

第一，我们从小没有开发孩子的阅读能力。一个知道跳韵律舞身材会变得更美丽的人，会跳得更快乐、更努力；而一个不知道的人，往往对那种舞蹈很漠然。阅读也是相同的道理，当从来没有过阅读快乐的体验，突然接到一大堆阅读任务，自然无法对看书产生乐趣。

而孩子的阅读兴趣要从小培养，越早开发，孩子才越能深刻理解阅读给人的冲击力。

第二，让孩子阅读只是任务性的，只以获取知识为目的，孩子看不到书中的趣味。

第三，在培养孩子的阅读习惯时，偏向于一种书籍类型，大多数父母对孩子的阅读都局限在故事性的书籍上。

教育学家们认为，孩子们在阅读的过程中，需要换换胃口，父母可以利用不同的场合、物品来教导孩子，比如报纸、杂志、明信片，甚至物品包装纸上的说明文字等。处处让孩子得到学习，这样就可让孩子明白文字、知识在生活中各个方面的重要性，并能够保持对阅读的兴趣。

那么，如何让女儿爱上阅读呢？

第一，让女儿爱上阅读，一定要先唤起孩子的阅读兴趣。

小莉妈妈喜欢给女儿阅读一些有意思的故事书，可是小莉活泼好动，在母亲为她阅读的时候，她总是无法集中精力。妈妈一直为此苦恼不已。

小莉姨妈家的姐姐小玉非常喜欢阅读，有时候，小莉看到小玉在那里阅读，便也凑过去，缠着姐姐给她讲故事，但是投入故事中的小玉根本就不愿意有人打扰。妈妈看到这一幕，忽然有了主意。

那天，妈妈和小玉一起读书，读完之后，她们俩人就在小莉面

前讲起里面的情节，两人非常投入，讲得眉飞色舞，笑翻了天。小莉一下就被吊起了胃口。小玉一走，小莉马上跑去把妈妈和姐姐讲的故事书翻出来看，但是看了半天，她也没看出个所以然来，因为她识字不多，于是，她便缠着妈妈给她讲解。

之后，妈妈再要给她讲故事时，她就非常认真地听。等到再和姐姐碰面的时候，书就成了她们的话题，她们用书里的话开玩笑，互相比着讲书里的内容。从此以后，阅读的心理障碍被打破，阅读渐渐成为一种乐趣。

阅读必须得唤起孩子的好奇心和兴趣，因此，父母在给女儿阅读故事时，一定要把故事念得生动活泼，让孩子有一种身临其境的感觉，这样，孩子才不会感到索然无味。开始念新书前，可以让女儿看看书的封皮，问她们看到了什么，猜想书中会写什么，下一步看书中的图画等。这样做，也可以开发孩子的想象力。

培养孩子的兴趣是一个循序渐进的过程，作为父母除了要注意观察孩子在哪些方面有可塑性，随机应变地加以调整外，还要注意自然之法，尽量避免刺激孩子产生逆反心理。

第二，阅读要有方法。

父母给孩子阅读之时，应该注意根据故事情节的轻重缓急，掌握好阅读的节奏，以便培养孩子产生阅读的兴趣。

美国前总统布什夫人芭芭拉在谈到她的教子之道时说："我给孩子念故事时，不让她们光是坐在那里听，有时我会故意停下来，对孩子们说，现在你们猜猜又会发生什么样的事呢？如果是在阅读中遇上孩子们不熟悉的字，我就会一一解释给她们听。"

女儿一天天长大，她已经学会了自己阅读，于是，很多家长都会自动撤出，让孩子自己进入阅读的领域。可是，教育专家说：不要太快就放弃了自己对孩子阅读的责任，还要坚持给孩子念书听，直到孩子上中学为止。经验告诉我们，大多数的女孩子的聆听能力比阅读能力高，从"听"书中所获得的收益是极为明显的。

总之，培养孩子的阅读兴趣，就是要在平时的一点一滴中体现阅读的重要性，让她从内心喜欢阅读，有阅读的欲望，从而主动去读。

开启女孩的音乐素养

富养真经
FU YANG ZHEN JING >>>

音乐对于女孩子智能的开发以及修养的培养非常的重要，一个对音乐有着感知力的女孩子，不但从容、自信、积极向上，而且有着丰富的想象力和严密的思考力。因此，“富养女孩”，一定要培养孩子的音乐素养。

人们都认为：音乐对孩子具有强烈的感染力，最易引起儿童感情共鸣，儿童最早接受教育就是从感受音乐开始的。

许多世界性的教育研究也证明了这一点，据美国一家权威机构研究发现：音乐可以开发孩子的智力。他们在一年中对两组 4～6 岁的孩子进行了 4 次测试。其中一组学习音乐，而另一组则不接受音乐训练。测试内容包括区别和声、节奏和旋律的音乐测试及听完一列数字后复述等记忆测试。结果发现，那些学习音乐的孩子的记忆力在短短 4 个月后就有了迅速的提高。

而对于女孩子来说，音乐又有更重要的作用，那就是提高自身修养。良好的艺术修养对于女孩子的重要性不言自明，那很可能是女孩子享用一生的财富，然而艺术修养不是孩子天生的，它需要在艺术欣赏和才艺学习中逐渐培养和锻炼起来。

经常让女孩子听些欢快的乐曲，用音乐来刺激神经，会使她感

受到愉悦和安全，并对这个世界产生积极的认同，同时，音乐训练对神经网络会产生深远的影响。音乐能使孩子享受一种深深的爱，使孩子的心里充满欢乐，这种情绪会促使神经系统的发育完善，能够调节血流量和神经系统的活动功能，有利于孩子的记忆、理解、想象思维等各种能力的发展，对孩子身心健康成长大有裨益。

当然，对音乐的感知力并不是女孩子的特长，但是女孩子的思维细敏，富于想象力，比男孩子更容易走进音乐的幻境中。如果父母能多给女儿放一些轻松明快积极的曲子听，还能提高孩子的情商。

郑女八岁能弹筝，
春风吹落天上声。
一声雍门泪承睫，
两声赤鲤露鬐鬣，
三声白猿臂拓颊。
——顾况《郑女弹筝歌》

1997 年，美国 Tangilewood 音乐节，由世界著名指挥家小泽征尔担任指挥的交响乐团正在进行激情演出，演员阵容庞大，但在众多金发碧眼的演员中，一位美丽可爱的中国小姑娘尤为引人注目，她就是中提琴手厉荔。她表情非常投入，既自信，又恬淡自如。

对于音乐人来说，能参加全美最著名的 Tangilewood 音乐节，并与小泽征尔同台演出，那是一个多么绚烂的梦想啊，而这个可望而不可即的梦想，厉荔在 18 岁那年就已经实现了。

要知道，美国音乐节可不是任何人都能随便参加的，必须要经过严格的选拔考试。厉荔不但过了关，而且每年都来参加音乐节的演出。当她第二次出现在 Tangilewood 音乐节上时，人们惊喜地发现，她已成为小泽征尔指挥棒下的中提琴首席了。

可以说，厉荔是一个音乐神童，然而与她的音乐才华相比，她的人格魅力更让人叹服。

厉荔生长在一个温馨的家庭，父母都在沈阳音乐学院工作，这种天然的艺术氛围陶冶了她的情操，使得她比别的孩子早慧。5 岁那年，厉荔就开始学钢琴，在学钢琴之余，她还参加了表演培训班和舞蹈学校的学习。这些学习并没有影响到厉荔的成绩，相反，老师都称赞她是一名很会用“脑筋”读书的学生，总能取得事半功倍的效果。因此，她的父母就更加注重对她音乐方面的培养。

11 岁，厉荔顺利考入沈阳音乐学院附中。17 岁时，厉荔完成托福考试，携着她那把中提琴，开始了在美国的求学生涯。音乐不但给了她美感，还给了她力量，独自一人在外，她是那么自信和快乐，没有其他孩子所有的张皇和无奈。

在老师眼里，厉荔是一位非常有才华的中国小天使；同学们叹道:“厉荔都不知道自己有多大才能!”人们发现，在厉荔的世界里，就没有消极和暗淡，只有快乐和自信。

谈起自己的成功，厉荔说了一句意味深长的话，她说:“之所以音乐带给我这么多好处，是因为我真心喜欢它。”

的确，很多父母逼着自己的孩子学习音乐，结果不但没有开发出孩子的智能，反而让孩子产生负担，得不偿失。当然，培养孩子的音乐素养这一点是有必要的，但是如何培养呢?

首先，为女儿提供更好的音乐氛围。从厉荔的成功经验我们就可以看出，她之所以喜欢音乐，是因为她生活在一个乐感的世界里。因此，如果让我们的女儿爱上音乐，作为父母，就需要为她们提供一种音乐的氛围。

比如，让孩子倾听音乐，听音乐电台的广播、听幼儿歌曲、看音乐电视。如果一个孩子初生的时候就生活在音乐之中，那么她就会觉得音乐必不可少。

儿童潜藏的音乐才能是极其丰富宝贵的，那远远超出成人的估计。

有一个 3 岁不到的小女孩，她爸爸是小提琴手，家里经常播放优美的乐曲。在孩子还没有出生的时候，就已经生活在音乐声中，后来，音乐又伴随着她一天天成长，她对音乐有着一种独特的依赖性。由于她太爱音乐，父母用来制止她啼哭的最有效的武器就是给她放最喜欢的音乐。

一次，爸爸为了安慰哭泣的孩子，就给她放一首她最喜欢的曲子。可是，由于电压不足，录音机磁带“跑调”了，其时，她的哭声还没有完全停止，便哽咽着告诉爸爸：“磁带坏了！”这令站在一旁的小保姆惊诧不已，因为她一点儿都没有听出来。

从这个案例中我们就可以看出，如果让我们的女儿每天都能接触音乐、听音乐，这样慢慢地，孩子就能真正地发现音乐中的美感，并能逐渐听懂音乐，也会学着使用音乐来表达自己的情感了。

这不难理解，举个例子来说，儿童学习语言，必须有一个语言环境，她能每天都听到大人们的说话，慢慢地，自然就能听懂成人的语言。而且孩子的模仿力非常强，不仅在用词造句方面，而且连抑扬顿挫等音调变化都学得自然而生动。同样道理，只要父母为儿童创造一个良好的音乐环境，让孩子爱上音乐，一个喜欢音乐的孩子，她的音乐潜能才能得到惊人的发挥。

当然，为了提高孩子的音乐素养，光让孩子听还不够，还要帮她分析音乐表达的意义。也就是说，要让孩子们明白她们正在听什么，比如：呼啸的北风、潺潺的小溪、滴答的小雨等。

在父母的指导下，孩子通过听自然界的声音，可以理解声音的基本含义，这样再听一段音乐，就能够借助于最初的对声音的感受、辨别和记忆能力，从而了解音乐所描绘的事物形象，这样，孩子就有了乐感。这就是说，孩子们熟悉了现实世界中她们所感受过、听到过的各种音响，她才能够体会出音乐是怎样通过对现实世界各种音响的模拟和反映，来表现这个世界的。

总之，父母要创造各种机会，让孩子接触各种音乐形式，来不断提高孩子的音乐感知力，慢慢提高孩子的艺术修养。

涂鸦也能涂出艺术家

富养真经
FU YANG ZHEN JING >>>

绘画是人类表达思想、抒发与交流所采取的一种艺术手法，而孩子也能用绘画表达自己的潜能。因此，对于小孩子的信手涂鸦，父母一定不要多限制、管束，以免束缚了孩子的想象力和创造力。要知道一个对绘画怀着极大兴趣的孩子，很可能通过信手涂鸦走进艺术殿堂。“富养女孩”，就是让孩子的信手涂鸦被作为一种教育理念来贯彻。

这个世界有多美？看那缤纷的色彩，那亮度不同的线条，就可以体会几分。有一首儿歌这样唱道：

我们为了寻找美，排成一条队，

美在前面等着你，把美来体会。

的确，放眼望去，那蓝蓝的天，绿绿的草，红红的太阳，还有那七色彩虹，这是一个多彩的世界，可是它又总是瞬息万变的，为了留住这些美好的瞬间，人们学会了绘画，从绘画出现的那一天开始，它带给人们的欢愉就不同一般。

对于女孩子来说，她有敏感的神经，有着卓越的色彩感知力，对美有着非凡的见解，可是有些美，她看得到却说不出，只能用心去体会。如果这时候，让她把自己心中的美描绘出来，那么就等于给了她创造美的机会。

可以说，绘画是对女儿进行美育的重要途径。对于陶冶情操，启迪智慧，促进女儿的全面发展，均具有重要作用。哪怕只是信手

涂鸦，也能培养女儿的审美情趣，而且对其观察力、想象力、创造力的培养和发展都有非常大的作用。因为首先要通过看，才会有所感，有所感，才会有所发，这样孩子的绘画内容就不是毫无意义，而是对生活的一种发自身心的感悟。

孩子从两岁多的时候就喜欢绘画，就喜欢拿着笔到处乱涂乱划，这个时期正好是孩子们的涂鸦时期，有些内容在成人看来觉得很可笑，但在孩子的眼里却是伟大的创作，每一笔都代表着一样东西，甚至可以讲出一个动听的故事。因此，在这个阶段，我们千万不能打击孩子的积极性。

曾经有一位华侨在美国帮助朋友带小孩，那个4岁女孩子喜欢到处乱画，开始华侨企图制止，但是她的朋友却告诉她：不要破坏孩子的想象力和创造力。因此，她也就任由孩子信手涂鸦，她的家里，墙壁上、床单上，纸杯子上，到处都有孩子的笔迹。

一天，孩子的爸爸妈妈去参加宴会，只有华侨和孩子在家里，孩子随手画了一个圆圆的桶状物，然后告诉华侨这是一个航天飞船，问她好看不好看。

这位华侨好心地说道："你的确很棒，但现在画得还不是很好，以后会更好的。"这本来是鼓励之语，同时还防止孩子产生骄傲心理。可是这个女孩子一听就大哭起来。她边哭边说："我妈妈从来就没有说过我的绘画不好。"

在美国的教育中，她们非常注重对孩子的鼓励和赞扬，而在中国人的思想观念中，一个孩子如果听了过多的赞扬，就会产生骄傲心理，不利于心灵健康成长。但其实，这个年龄段的孩子，正是建立自信的时候，不宜于对孩子说打击的话。

因为我们不是要把孩子培养成艺术家，而是通过绘画的培养，开发孩子的智能，同时提高孩子的修养。要知道，每一笔，在孩子来说，都代表独特的意义，我们不要按照自己的思维去理解孩子绘画的内容。

天天从幼儿园一回到家就对妈妈说："我要画画，画一只猴子。"妈妈给她找了笔和纸。一会儿工夫，天天就画好了，她拿着画让妈妈看，妈妈看完后，漫不经心地说了："猴子的后腿是这样的吗？"其实妈妈只是觉得有点不像，就想提醒一下天天。

但是，妈妈没有料到，在她本是一句无心之语，天天听了却做出了强烈的反应。她着急地说："是这样的，就是这样的！"妈妈看了看天天，天天急得都快哭出来了。就安慰她说："的确，我们天天画得真棒！"可天天并不高兴，她有些丧气地说："我和老师画的不一样，可我画不好。"

妈妈想了想，鼓励天天再试一试，可她已经灰心，根本不想再画，她有点赌气似的说："你要让我画，你看……"说完，她就使劲地用铅笔在画上乱涂，想把她认为画得不好、画得不像的画涂掉。

不一会儿，天天把画全涂黑了，她挑衅地把画拿到妈妈面前，说："好看吗？好看吗？"妈妈看了看，突然充满惊讶而又兴奋地说："哎呀，我知道了，你是在画猴子夜里出去吃桃子吧！你居然用这么高难的画来考妈妈，你是怎么想起来的？"接着又说，"天太黑了，猴子在黑暗中什么也看不见了吧？这幅画真的与众不同，很有新意！我们天天真了不起，想象力这么丰富。"

其实，天天本来在难过，对自己的绘画完全没有了信心，她是在向妈妈发泄自己不愉快的情绪，根本就没有想到什么。但听妈妈这么一说，她又认真看了看画，觉得挺有意思，而且天天被妈妈那显得兴高采烈的情绪所感染，也高兴起来了。

天天看着这张黑糊糊的画，也被妈妈的故事吸引住了，她说："妈妈，猴子是想偷桃子，白天怕人家看见，可晚上天又太黑了，它看不见桃树在哪里，所以很着急。"妈妈接着引导天天，就问道："那桃树在哪里呢？"天天歪着头想了想，说道："妈妈，你看，我可以在这边上画几棵桃树，然后在这面画一盏灯，这样，猴子就看到桃子了。"妈妈又问："难道有人帮助猴子去偷桃子吗？还有灯光为它照

亮?”天天一下觉得自己的故事编得不圆满，于是就说:“啊，这个猴子是齐天大圣，他有火眼金睛，能够看到桃树。”妈妈哈哈大笑，鼓掌赞扬天天的智慧。

再看天天，刚才那种消极的情绪已经荡然无存了，她也被自己编的新故事吸引住了。她一边讲，还一边在旁边画了一棵桃树，然后只把中间涂了几道黑色，表示齐天大圣能看到桃树。

天天继续保持着对绘画的浓厚兴趣。不久以后，她在一次少年儿童的美术大赛中荣获一等奖。

如何通过绘画提高孩子的修养?天天妈妈就有方法，面对女儿的“反常”行为，妈妈并没有生气，也没有训斥孩子，而是由着孩子“胡来”。这说明天天妈妈对孩子的心理有充分的了解，孩子内心充满沮丧和无奈，把画涂黑只是一种强烈的情绪反应，她试图通过乱涂乱画来发泄自己的冲动。这时候父母再批评无异于火上浇油，让孩子对绘画产生厌恶，同时还容易形成暴躁的性格。

其实，对于这么小的孩子来说，能画出猴子的样子，说明孩子的观察力、记忆力和辨别能力都非常好，只是由于经验不足，绘画的表现能力稍微差一些而已。这个年龄的孩子还不能很好地用笔和纸来表现自己所看到的、认识的客观事物。同时，女孩子又是敏感脆弱的，如果在孩子本来信心不强的时候，父母没有抚平她的这种消极情绪，那么她就会继续自暴自弃。

因此，培养女儿的艺术修养，不能急于求成，更不能目的性太强。很多父母让孩子学习绘画，企图让孩子走进艺术殿堂，将来能够做一名画家。“富养女孩”，绝不提倡这样的教育方式，因为越是如此，越可能让孩子的艺术天分过早丧失。我们的理念是让孩子信手涂鸦，当然也要交给她一些必要的技巧。

孩子喜欢信手涂鸦，真的要画出一幅图画却不太容易。同时，孩子在学画过程中，很容易有受挫感。当她发现自己画得不如老师、同学或者与实物相差太大时，她可能会失去耐心和信心，甚至会没了兴趣。再者，处于幼儿阶段的孩子，缺乏生活经验和知识，手腕骨与指骨比较娇弱，动作不够协调，也不够稳定准确。因此，无法绘出漂亮的图画，这都是正常的。

但是只要给孩子绘画的机会，让她随便发挥自己的想象力，同样能够提高她的艺术修养，而且如果孩子兴趣不减，那么很有可能会成为一名出色的艺术家。而父母需要做的就是鼓励和赞美，发现孩子笔下的故事，挖掘孩子绘画的潜能。

让女孩玩个痛快吧

富养真经
FU YANG ZHEN JING >>>

没有父母不希望自己的女儿总是神采奕奕、朝气蓬勃的，但是很多父母不知道怎样做才能达到这一目标。其实很简单，放心地把玩的权利交给孩子，让她自由地在天地间，在小伙伴中玩耍，孩子的心情会完全放松，同时，好奇心和创造力又会得到进一步的提高。总之，让孩子尽情地玩耍，对孩子的身心都非常有利。

瑶瑶是一个活泼可爱的孩子，在幼儿园里，她是一个小头领，小朋友都喜欢围在她的周围。可是，上一年级后，爸爸经常出差，妈妈经常加班，为了让瑶瑶成为一名优秀的学生，妈妈每天都会给她留很多的作业。

瑶瑶最大的心愿是希望能和爸爸妈妈一起逛公园，这本不是太高的要求，但对瑶瑶来说，却是一个非常奢侈的愿望。她经常一个人呆在家里，吃着外面送来的盒饭，一边还要把妈妈布置的作业完成。

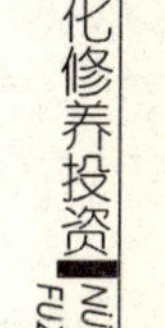

瑶瑶不能出去玩，而爸爸妈妈又不能陪她玩，她感到非常孤寂，就让妈妈给她买一只会说话的小鸟，但妈妈总是没时间去买。瑶瑶只好经常一个人坐在屋里发呆。尤其是当同学们说起父母又带她们去哪儿玩了，瑶瑶心里就感到特别难受，她总觉得自己是一个没人要的孩子。她越来越孤单，也越来越不愿意出去玩耍。

一天，瑶瑶对妈妈说羡慕同学们都有一个好爸爸、好妈妈，他们总是会陪孩子玩，自己的爸爸妈妈却似乎从未想过女儿的存在。妈妈听了非常生气，训斥瑶瑶道：爸爸、妈妈这样辛苦挣钱是为了啥？还不是为了瑶瑶生活得更好吗？瑶瑶不吭声了，但是她的心结并没有解开。她再也不问妈妈是否能早点回来，也不再问爸爸什么时候去公园，她变得沉默寡言。

爸爸妈妈有些心慌了，那天，爸爸破天荒要带瑶瑶去海底世界，瑶瑶却说不想去，爸爸很是诧异，问原因，瑶瑶摇摇头，说就是不想去，没有什么原因。妈妈意识到问题有些严重了，于是就耐心地询问瑶瑶是不是有什么不高兴的事情。瑶瑶忽然哭了起来，她大声喊着将满腹委屈倾诉出来了。

爸爸、妈妈这才意识到，小小的瑶瑶已经缺失了太多玩的乐趣。

玩是孩子的天性，游戏是幼儿最主要的活动形式。对于一个女孩子来说，玩游戏，是她用关系解释社会的基础，玩游戏是她同外界保持联系的链条。没有了玩，孩子的一切天性都会被埋没。瑶瑶的不幸就在于过早地被父母束缚起来，远离了“玩”这个学习与成长的介质，她才会从一个活泼开朗的小女孩变成了一个沉默寡言的小书生。

游戏不带任何强制性，它是一种自由轻松、充满乐趣的活动。在游戏中，孩子可以最大限度地体会到快乐，这对于孩子形成良好的心理非常有利。同时，游戏又是一种特殊的实践活动，在游戏中，孩子总是会有一些新的发现。

比如，在玩沙玩泥时，孩子能体验泥沙的物理特性；玩七巧板，可以培养创造性；在玩劳动游戏时，孩子能体验劳动者的高尚情操；即使在野地里跑，对孩子也有利无害，因为一方面可以提高孩子的身体素质；另一方面，还可以让孩子感受到大自然的美和宁静……

父母之所以严格限制女孩子玩，有很多原因，第一，他们总认为，孩子玩的时候根本不动脑筋，只是纯粹地在浪费时间。这样想的父母说明他们根本不了解孩子，要知道，孩子的好奇心可比大人强得多，而且探索精神也特别强，尽管她知识有限，但是在玩的时候，她却不停地思考，问自己一些为什么、怎么办之类的问题。可以说，孩子在玩的过程中，脑子会越用越灵活，老人们所说“淘孩子出巧的”就是这样的道理。

第二，父母不让女孩子出去玩，是为了孩子的安全考虑。大多数父母认为女儿是脆弱的，尽管他们会想方设法培养孩子的独立性和坚强精神，可是他们却从来不敢放孩子出去自由玩耍。其实，对于小一点的孩子，父母可以站在孩子的旁边，随时关注孩子所处的环境是否安全，但一定不要限制孩子。对于稍大一点的孩子，只要能够确保孩子的安全性，那么就要放孩子出去玩耍。

常记溪亭日暮，沉醉不知归路。
兴尽晚回舟，误入藕花深处。
争渡，争渡，惊起一滩鸥鹭。
——李清照《如梦令》

当然，给女儿自由是有原则的，那些有害于孩子身心发展的迁就和放任我们绝不能给，无原则的迁就和放任的结果往往也是危险的，不快乐的。

第三，很多父母认为女孩子就应该有个女孩子样，上树爬墙的女孩子没有个体统。可以说，这是封建的残余思想在作怪。女孩子到底应该是个什么样？高中的女孩子一定是规规矩矩的吗？不，一个木

呆呆的文静的女孩子很难适应这个竞争激烈的社会，因此，不要用"女孩子样"来限制孩子玩耍。当然，这与培养女孩子的气质并不矛盾，一个文静的女孩子并不一定就是没有想法的。在孩子稍大一点，只要让她换一下玩的内容，不再做野蛮的玩耍游戏，就可以一举两得，一方面，让孩子不失创造性，一方面又让孩子不失气质。

第四，一些父母认为女儿的主要经历应该放在学习上，而不是玩上。

其实，在女儿学习了一天之后，应该让她自由地去玩，这不仅是给她放松的机会，也是让她去接触书本之外的知识，丰富自己社会经验的时机。我们前面说过，孩子在玩的时候才会发现问题，才会特别主动地去思考问题。这种自主性也可以由玩而慢慢转移到学习上来。特别是当对某个现象不解时，她会想尽办法去揭开谜底，这对调动起她的学习兴趣，进而形成自主学习的习惯非常有帮助。

相反，如果一味强迫孩子学习，对孩子的智能开发可能有害无益。

莫扎特早在3岁时就表现出了音乐方面的天赋，为此，其父对他进行了积极的培养。6岁时，他随父亲到世界各地巡回演出，历尽艰辛与磨难，同时也换来了"音乐神童"的美誉，可是莫扎特说："都说我是神童，可是有谁知道我付出的努力是一般孩子的几十倍呢？我从来就没有体会过玩的快乐。"

也许是早年的辛苦奔波与艰苦锻炼，使得莫扎特在三十几岁就心力衰竭，以至于在35岁时与世长辞，英年早逝。很多人指责其父利奥波德"一点儿都不人道"，过早地让小莫扎特背上了沉重的包袱。

与莫扎特很相似，现在的很多孩子都被父母们的早教押上了"刑场"，结果，孩子们的活动失去了自由，就像笼子里的小鸟无法飞翔。

第五，也有的父母不许女儿出去玩，是担心她们的形象受损，孩子们在外面玩总是会弄得一身脏兮兮的回家。每天为她洗一堆的脏衣服也够累的了。但是，母亲能因此就不给孩子玩的机会吗？到底是孩子玩得开心尽兴重要，还是一身衣服重要？我们只能说，因为怕脏而限制孩子玩耍，这样的母亲太懒了，太吝于付出亲情了。

总之，要是一个孩子在天真烂漫的年龄里却整天乖乖待在家里，死气沉沉，这种状况才最让人担心。玩是孩子的天性，也是她们的权利。如果你曾经有个美好的童年，为什么不让你的孩子也享受那样的乐趣呢？如果你没有美好的童年，为什么不让你的孩子改变这种状态，享受童年的乐趣呢？

大自然是培养女孩的课堂

富养真经
FU YANG ZHEN JING >>>

古人云："自然拥有一种和谐永久的美。"对于爱美的女孩子，自然是个教其以美学的最佳课堂。在这个丰富的资源库中，女孩子能够迅速体味到美的真正意蕴，纯净的、宽广的、挺拔的，这些都是孩子成长最好的教育样本。"富养女孩"，要求父母们一定要抽时间，带着孩子走进大自然，从中感受大自然的活动，寓教于乐。

芭芭拉和乔丹是父母的掌上明珠，姐妹俩经常被父母带去看外面的世界。因此，姐妹俩从小就不喜欢待在院子里，对于院子里的花草树木她们都已经非常熟悉了，而想探索更广阔的世界。因此，她们总是缠着父母带她们出去玩。她们的父母非常开明，他们知道，这一时期孩子的好奇心特别强，正是认识世界的大好时机。

在一个天气晴朗的周末，按计划全家 4 口人要到郊外去野餐。

芭芭拉异常兴奋，早早准备好，等着出发。小女儿乔丹更是乐得在地板上蹦来蹦去。这天上午，他们开着车，带了一些野餐的工具和食品出发了。

很快到了目的地，他们选择了一个宁静的、靠着河边的小草坪，安置好车子后，他们就开始准备午餐。芭芭拉忙得不亦乐乎，她自己拿一个大壶，带着乔丹去打水。乔丹要帮助姐姐把水倒到小锅里时，芭芭拉则非常肯定自己的能力，她要自己倒，结果由于重心不稳，把刚点的火又给扑灭了。父亲在旁边直摇头："哪来的灭火专家？"芭芭拉反问了一句："爸爸，灭火专家在哪儿？"说完，四处张望，寻找灭火专家。爸爸妈妈笑了起来，她这才明白爸爸是在说她。

不过，她可不在乎，她说自己能做好，果然，在第二次倒的时候，芭芭拉显得老练多了，惹得乔丹在旁边给她不断鼓掌。

午饭后，芭芭拉又开始了另一项工作——现场指挥，她吩咐爸爸去洗锅，妈妈去倒垃圾，她也不忘记给乔丹任务——给大家唱歌，她自己则在旁边伴舞。所有的人都同意芭芭拉的安排，因为这对每个人来说都公平合理，特别是乔丹，她拉着姐姐芭芭拉高兴地又唱又跳。

只是后来，芭芭拉想要使用一下姐姐的特权，她要求乔丹到车里把自己的布娃娃拿来，结果遭到了乔丹的激烈反对。姐妹俩在那里争论得不可开交，而爸爸妈妈则并不管他们，任由她们各自分述自己的道理，最后乔丹拉着爸爸去钓鱼，芭芭拉只好自己去把布娃娃拿过来。

爸爸与乔丹一起到河边去钓鱼了，妈妈便和芭芭拉在河边散步。芭芭拉很快就发现了有趣的东西，她站在花丛旁，认真地看着一只蝴蝶，乔丹看到姐姐如此认真地看着什么，非常好奇，也跑过来，芭芭拉早就忘记了刚才的不愉快，她指着这只蝴蝶，告诉妹妹："这是凤蝶，你看它的颜色多漂亮，有黑、黄、白，还有红、蓝、绿，亮闪闪的多漂亮。"乔丹一下子被姐姐丰富的学识镇住了，她无比钦佩地说："你好棒，知道这么多。"

妈妈已经走出很远了，才意识到芭芭拉和乔丹停在花丛里，不过她也不着急，毕竟这还算比较安全，在她的控制范围之内。况且看到女儿们神采飞扬的样子，妈妈的心里也非常高兴。

一会儿，爸爸钓鱼回来了，还真有不小的收获，芭芭拉一看水桶里有活蹦乱跳的鱼，又兴奋起来了，非得伸手去抓弄一阵。乔丹毫不示弱，结果有一条鱼从水里跳了出来，甩了两姐妹一脸的水珠，一家人哈哈大笑起来。

这真是一幅其乐融融的幸福家庭图，在这幅图画里，所有的人都显得轻松，而两个孩子则更加自由，这或许就是大自然的魅力吧。

的确，大自然如此的丰富而又美好，是家长对孩子进行美育取之不尽的资源宝库。大自然以其博大的胸怀向我们展示湛蓝的天空、逶迤的山峦、澎湃的大海、奔腾的江河、风姿绰约的花草树木。无论是朝霞、落日，还是白云、星空，都会引起敏锐的女孩子的无限遐想，就是那些昆虫、飞鸟，以及游鱼、蝴蝶，也对女孩子有极大的吸引力。瑰丽的色彩、生动的形态、动听的音响、神奇的变化，会使女孩子的内心受到震撼，发现美的蕴涵。而父母的谆谆教导与之比起来，则显得枯燥无味，难以接受。

我们传统的教育方法，习惯让女孩子规规矩矩、老实听话，所谓“大门不出，二门不迈”才能培养出顺从、安静的女儿，但是让孩子远离大自然，同样会压抑孩子的天性，让孩子变得孤陋寡闻。这与我们的“富养”精神不符。

我们知道女孩子是最爱美的，因此培养女儿的审美情趣显得很重要，但是不要忘记，大自然是最好的美育工具。迷人的大自然，隐藏着无穷的奥秘，蕴含着无限的乐趣，从培养女儿“爱美”的心理来说，更会让女儿感到兴趣盎然，心旷神怡。

有一位教育家说：一个快乐开朗而又心态平和的女孩子恐怕是最有气质的女孩了，而培养孩子快乐开朗的性格与平和的心态，家长最好把孩子引入大自然中去。

大自然有春暖花开的春天，我们不妨带领女儿观察农民的播种；大自然有繁星密布的夏夜，我们可以陪女儿观察萤火虫的“演奏”；大自然有秋高气爽的海滩，我们可以协助女儿垒土灶搞野炊；大自然有“原驰蜡象”的雪冬，我们可以陪伴女儿堆雪人、打雪仗……大自然那温暖的阳光、洁净的空气、青山碧水、鸟语花香是女儿身心健康的“营养剂”，大自然的开阔与宏大又是培养女儿开阔心胸、乐观心态的好场所。

几乎每一个孩子都会热切期望去郊外玩。精力旺盛的小女孩对每一样事都感到好奇，非得亲自去尝试、接触、感觉。如果这个时候能对女儿进行一些自然常识的教育，会给她更多的信心，也会让她大开眼界。

> 观看着牧人在草原上牧放牛羊，
> 或者在清浅的河边，侧耳谛听，
> 欣赏水边小鸟的动人的歌声。
>
> ——莎士比亚《乐曲杂咏》

相反，如果父母不愿意带孩子去大自然，或者即使走进原野，也要限制孩子自由玩耍，久而久之，孩子对世界就会兴趣大减，好奇心消退，这对她今后的发展势必造成不良影响。

大自然是孩子最好的课堂，更是女孩子最重要的修养课堂。在这个课堂里，女孩子可以轻松地领悟美的教育。

在大自然中，女孩子可以沐浴阳光，经受风雨，尽情地奔跑嬉戏，这样，柔弱者不再娇气，寡言者不再吝惜语言。

大自然能给人类的东西太多了，给予父母的教育素材也是数不胜数。它不但可以给孩子们探索的机遇，还可以让孩子们感受到做人的道理，甚至对孩子的言行规范也有了教育样本，父母实在不可错过这个丰富的资源库。